Nr. 4

**aut**–aut

**EDITORA ÂYINÉ**
Belo Horizonte | Veneza

# BERNARDO SECCHI

A cidade dos ricos e a cidade dos pobres

**tradução_** Renata De Oliveira Sampaio
**preparação_** Silvia Massimini Felix
**revisão_** Ana Martini, Andrea Stahel

# SUMÁRIO

7 **INTRODUÇÃO À EDIÇÃO BRASILEIRA**

13 **PREFÁCIO**

19 **A NOVA QUESTÃO URBANA**

29 **ECONOMIA, SOCIEDADE E TERRITÓRIO**

33 **RICOS E POBRES**

39 **ESTRATÉGIAS DE EXCLUSÃO**

51 **RICOS**

63 **POBRES**

81 **UM MUNDO MELHOR É POSSÍVEL**

91 **A TRADIÇÃO EUROPEIA**

101 **DESIGUALDADE SOCIAL, QUESTÃO URBANA E CRISE**

# INTRODUÇÃO À EDIÇÃO BRASILEIRA

Em fevereiro de 2013, Bernardo Secchi veio ao Brasil para uma conferência. Na ocasião concedeu uma entrevista ao jornal *O Globo*, em que discorreu sobre a cidade do Rio de Janeiro, as obras que estavam sendo realizadas para receber Copa do Mundo e Olimpíadas e os desafios das cidades no século XXI.

A entrevista chama a atenção pelo contraste com o otimismo preponderante no período. O renomado urbanista italiano mostrou-se cético quanto à capacidade de as obras para megaeventos resolverem os graves problemas de desigualdade social da capital fluminense, chamou a atenção para cidades em que isso não ocorreu e lembrou que o investimento em transporte público de baixo custo deveria estar no centro das políticas de mobilidade.

Alguns meses depois explodiram as manifestações de junho de 2013, que colocaram a pauta urbana – principalmente a da mobilidade – no centro do debate no país. O aumento de algumas dezenas de centavos nas tarifas de ônibus foi a fagulha para revoltas multitudinárias que trouxeram à tona tudo aquilo que havia sido recalcado sob o manto do *crescimento com inclusão* da década anterior: cidades segregadas e violentas, sistemas de transporte coletivo precários e caríssimos, carência nos serviços públicos e fechamento do sistema político.

Naquele mesmo ano de 2013, Secchi lançou *La città dei ricchi e la città dei poveri*, que agora (finalmente) é publicado no Brasil. Neste instigante livro, o professor emérito da Universidade de Veneza apresenta, exemplifica e discorre sobre as múltiplas formas de vida nas cidades em sua relação com o social e o econômico, expondo o que seria a «nova questão urbana» – termo cunhado por ele para descrever os desafios das cidades no contexto de crise atual do capitalismo e do planeta.

Para o autor, «toda vez que a estrutura da sociedade e da economia muda, a questão urbana volta ao primeiro plano», o que teria ocorrido no início da Revolução Industrial, na conformação da sociedade de massa fordista-taylorista e em outros momentos do mundo ocidental. «No passado, a cidade saiu dessas 'crises' todas as vezes transformada: em sua estrutura espacial, nas relações entre ricos e pobres e em sua imagem», ele argumenta.

Secchi enxerga a origem da crise atual no início da década de 1970, quando inicia-se «em escala planetária uma nova fase de acumulação», baseada na formação de vastos mercados. A globalização que foi levada a cabo nas décadas seguintes teve como instrumentos a desregulamentação de mercados e a abertura para fluxos de capitais e mercadorias (sem, obviamente, desregulamentar a mobilidade de pessoas).

O resultado foi o deslocamento de diversos setores industriais e de serviços para países do Sul Global, e um incremento espetacular no trânsito de mercadorias. Claro que tudo isso estressou os limites ambientais, com a intensificação sem precedentes da exploração de recursos, produção e consumo de produtos globais, tudo à base de muito combustível fóssil – fazendo com que as últimas três décadas sejam responsáveis pela emissão de mais da metade do carbono dissipado na atmosfera em toda a história da humanidade devido à queima de combustíveis fósseis.

Essas mesmas décadas assistiram ao crescimento da desigualdade econômica em escala global e à desmontagem dos mecanismos de proteção social do trabalho em muitos países. Todo este contexto resulta em uma nova conformação da relação do social e do urbano, que «emerge em uma época de profunda crise das economias e das sociedades ocidentais» com «a crescente individualização e desestruturação da sociedade e uma consciência da escassez dos recursos ambientais», nas palavras do autor.

Bernardo Secchi foi uma daquelas raras pessoas capazes de exercer com grande qualidade teoria e prática. Este livro é também uma reflexão advinda de seus projetos e pesquisas urbanísticas em cidades como Paris, Antuérpia e Bruxelas. Seu foco está na segregação urbana no contexto europeu, ainda que tenha o modelo norte-americano e a grave situação da América Latina como fundo.

De modo que o quadro pintado pelo autor tem cores mais fortes no Brasil. Afinal, na Europa o Estado de bem-estar social levado a cabo durante as três décadas que se seguiram à Segunda Guerra Mundial teve no urbanismo um de seus principais elementos de redução de desigualdade. No Brasil, nunca tivemos Estado de bem-estar social e o crescimento urbano desordenado serviu para acentuar a já imensa desigualde econômica do país.

A cidade dos ricos e a dos pobres que existe por aqui não deixa de ser, entretanto, um horizonte distópico possível para os países do mundo rico, caso o aumento da desigualdade e o da catástrofe climática não sejam revertidos. Secchi, que conhecia bem o Brasil, chega a apontar esse horizonte quando discorre sobre os condomínios fechados e as favelas latino-americanas, ponderando o quanto o futuro europeu «pode estar ali escondido».

Bernardo Secchi faleceu em 2014 e não chegou a ver o capítulo seguinte da crise que ele compreendeu tão bem: a ascensão de um autoritarismo de novo tipo, ancorado na figura de líderes truculentos e obscurantistas, dispostos a levar adiante projetos anticivilizatórios inimagináveis há alguns anos. Mas o autor já parecia antecipar este momento político quando afirmava que «o medo produz intolerância, desfaz a solidariedade e desintegra a sociedade, substitui a cidadania e a virtude cívica, faz com que, manzonianamente, o bom senso 'se esconda com medo do senso comum'».

Entender a produção do medo a partir da diferença e da segregação urbana é outro mérito deste livro, que combina em seu último parágrafo o realismo de quem entendia o tempo em que vivia – «pode ser que no futuro próximo as coisas tendam a piorar cada vez mais» – com o entendimento de que a saída só poderia vir da produção de novas alianças – «os urbanistas, mas também os economistas e os sociólogos, deverão voltar a discutir com os geógrafos, os botânicos, os engenheiros hidráulicos, deverão imergir muito mais do que no passado recente nos imaginários individuais e coletivos».

Roberto Andrés

# PREFÁCIO

Este livro aborda um tema que se tornou muito relevante nos últimos tempos: o contínuo crescimento e a intensificação das desigualdades sociais. Em outras palavras, o crescimento da distância entre ricos e pobres. Mas é um livro escrito por um urbanista, e, embora todos concordem com o fato de que as desigualdades sociais se apresentam sobretudo nas grandes áreas urbanas, geralmente se pensa que o combate e a eliminação das desigualdades não sejam tarefas da urbanística, e sim de outras políticas econômicas e sociais que o urbanista deve compreender, ajudar e apoiar. Defendo aqui uma hipótese um pouco diferente, ou seja, que a urbanística tem responsabilidades fortes e precisas em relação ao agravamento das desigualdades sociais e que o projeto da cidade deve ser um dos pontos de partida de toda e qualquer política que vise à eliminação ou ao combate dessas desigualdades.

As responsabilidades da urbanística não se dão apenas no âmbito de valores e de consequentes definições dos objetivos que seu projeto se propõe a atingir, mas também na esfera das técnicas e dos dispositivos analíticos e projetuais pensados para afrontar e resolver um conjunto variado de problemas inerentes ao projeto da cidade. Alguns desses problemas, como tentarei demonstrar, foram construídos, conceitual e operacionalmente, de forma eficaz para que não fosse possível, sem entrar no mérito das intenções subjetivas de cada realizador ou idealizador, um resultado diferente do agravamento das desigualdades. Em outras palavras, o resultado foi uma insuperável distância entre a «narrativa urbanística»[1] e a efetiva possibilidade de combater a formação e o aumento das desigualdades sociais.

Apesar da brevidade deste livro, levei um longo tempo para escrevê-lo e tive de superar diversas dificuldades. Não estou nem mesmo certo de tê-las superado de maneira satisfatória. As principais dificuldades diziam respeito à importância de tratar essas questões tendo como ponto de vista privilegiado a urbanística, buscando eliminar do texto, na medida do possível, o tipo de reflexão que tradicionalmente é elaborado em outras disciplinas, em especial na economia e na sociologia, em relação às quais a dívida da urbanística permanece significativa.

Em certo sentido, esse esforço faz parte de minha contínua busca por delinear da maneira mais clara possível, e para além das mudanças no tempo de seus traços principais,

---

1_  Bernardo Secchi, *Il racconto urbanistico*. Turim: Einaudi, 1984.

as razões e a identidade da urbanística. Uma pesquisa que teve início com minha «narrativa urbanística» e prosseguiu com a «primeira lição de urbanismo»[2] e «a cidade do século XX»,[3] e cujos resultados parciais expus gradualmente numa numerosa série de ensaios e artigos.

A principal tese deste livro é que a desigualdade social é um dos aspectos mais relevantes do que eu chamo de «nova questão urbana», e que essa é uma causa não secundária da crise pela qual as principais economias do planeta estão passando. Por isso buscarei esclarecer em primeiro lugar o que quero dizer com «nova questão urbana»: por que *questão* e por que *nova*.

Em seguida, tentarei explicar como, a meu ver, as relações entre economia, sociedade e território devem ser vistas e pensadas de modo diferente do tradicional: o território não é mero reflexo da sociedade, assim como a sociedade não é mero reflexo da economia. Riqueza e pobreza possuem um caráter pluridimensional que dificilmente pode ser limitado a alguns poucos e simples indicadores. Para mostrar como esses indicadores deram vida a um conjunto evidente de in-

---

2_  Bernardo Secchi, *Prima lezione di urbanistica*. Roma/Bari: Laterza, 2000 [ed. bras.: *Primeira lição de urbanismo*. Trad. de Marisa Barda e Pedro M. R. Sales. São Paulo: Perspectiva, 2015].

3_  Id., *La città del ventesimo secolo*. Roma/Bari: Laterza, 2005 [ed. bras.: *A cidade do século vinte*. Trad. de Marisa Barda. São Paulo: Perspectiva, 2015].

justiças espaciais que as políticas públicas, entre as quais a urbanística, deveriam e poderiam ter confrontado de maneira mais eficaz, buscarei examinar os aspectos fundamentais e a história das estratégias de distinção e exclusão praticadas pelas parcelas privilegiadas da sociedade e suas consequências tanto sobre os ricos como sobre os pobres. Normalmente, essa história é apresentada da parte dos pobres. Acredito que seja oportuno olhá-la da parte oposta, a dos ricos. Os exemplos são inúmeros: destacarei alguns, aqueles que conheço melhor por ter procurado atenuá-los. Pois, sempre de acordo com meu modo de ver, um mundo melhor é possível apenas quando se adquire plena consciência de que as desigualdades sociais representam, precisamente, um dos aspectos mais relevantes da «nova questão urbana» e que essa é uma causa de maneira nenhuma secundária da crise que as economias do planeta atravessam.

# A NOVA QUESTÃO URBANA

Nas culturas ocidentais, por muito tempo a cidade foi vista como um espaço de integração social e cultural. Lugar seguro, protegido da violência da natureza e dos homens, onde os diferentes se relacionavam entre si, se conheciam, aprendiam uns com os outros e eventualmente trocavam as melhores parcelas de seus conhecimentos e cultura, em um processo de constante hibridação que produzia novas identidades, novos sujeitos e novas ideias.

Contudo, desde sempre e de diferentes maneiras, a cidade, lugar mágico, sede privilegiada de todo tipo de inovação técnica e científica, cultural e institucional, foi também uma potente máquina de distinção e separação, de marginalização e exclusão de grupos étnicos e religiosos, de atividades e profissões, de ricos e pobres. Na cidade ocidental, ricos e pobres sempre se encontraram e continuam a se encontrar, mas também, e cada vez mais, se tornam visivelmente distantes.

Grande parte dos observadores contemporâneos reconhece que em escala planetária se verificaram uma possível diminuição da população em situação de pobreza extrema e uma melhoria da qualidade de vida na maior parte dos países pobres — e isso se deve provavelmente ao desenvolvimento de algumas grandes áreas do continente asiático e sul-americano —, mas também que na maioria dos países, incluindo os mais ricos, vê-se uma crescente distância entre riqueza e pobreza.[1]

Depois de um longo período, quase um século, no qual essa distância manifestou uma clara tendência decrescente, os últimos decênios do século XX demonstraram que ela podia crescer novamente de maneira inesperada.[2]

A ideia de que o crescimento e o desenvolvimento se expandiriam sem freios, abarcando as diferentes regiões e os diversos grupos sociais e indivíduos e garantindo a todos um nível de bem-estar cada vez mais homogêneo, foi portanto desmentida. Por isso, em vez de recorrer às imagens extremas dos *slums* asiáticos, das *favelas* sul-americanas ou das

---

1_ Organisation for Economic Co-operation and Development (OECD), *Growing Unequal?* Paris, 2008. Uma rica literatura sobre as desigualdades sociais cresceu nas últimas duas décadas. Para uma visão geral, ver Maurizio Franzini, *Ricchi e Poveri: L'Italia e le disuguaglianze (in)accettabili*. Milão: Università Bocconi, 2010.

2_ Pierre Rosanvallon, *La Société des égaux*. Paris: Seuil, 2011, pp. 14-20; e em particular Thomas Piketty, *On the Long-Run Evolution of Inheritance: France 1820-2050, working paper*. Paris School of Economics, 2010; Jesper Roine; Daniel Waldenströn, «The Evolution of Top Incomes in an Egalitarian Society: Sweden, 1903-2004». Working Paper Series in Economics and Finance, n. 625, Stockholm School of Economics, 2006.

*townships* sul-africanas, de um lado, e dos *condomínios fechados* brasileiros, dos *barrios cerrados* argentinos ou das *gated communities* europeias e das duas Américas, de outro, talvez seja interessante refletir sobre os aspectos mais comuns, menos extremos, que podem ser reconhecidos nas áreas do planeta que se desenvolveram mais intensamente nos últimos séculos: Europa e Estados Unidos.[3] Nessas regiões,

> a situação atual não está relacionada a uma herança do passado [...] na verdade ela marca uma drástica ruptura e inverte uma tendência secular, a da concepção da justiça social, fundada em um mecanismo de redistribuição, como havia sido construída a partir do fim do século XIX[4].

As áreas urbanas, nessas regiões, aparecem como o lugar em que as diferenças entre ricos e pobres se tornam dramaticamente mais visíveis. No grande teatro metropolitano, as injustiças sociais se revelam cada vez mais na forma de injustiças espaciais.[5]

---

3_ Assim como no original, não foram traduzidos os termos próprios de cada língua para os tipos de habitação. [N.T.]

4_ Rosanvallon, op. cit., pp. 14-20.

5_ Jacques Donzelot, *La Ville à trois vitesses et autres essais*. Paris: La Villette, 2009; Edward W. Soja, *Seeking Spatial Justice*. Minneapolis: University of Minnesota Press, 2010.

Na Europa, por exemplo, o oeste londrino da *rich London*, os *beaux quartiers* do sudoeste parisiense e, do lado oposto, o *«quatre-vingt-treize»* em Seine-Saint-Denis no nordeste de Paris,[6] o vale do Sena e do canal de Bruxelas e, do lado oposto, as áreas limítrofes com a *forêt* de Soignes,[7] a parte setentrional e a meridional da cintura do século XIX de Anversa,[8] os grandes bairros de edifícios públicos em Rozzano, os de Quarto Oggiaro, Calvairate ou Stadera, em Milão, e muitos outros casos que poderiam ser lembrados, em Madri e Berlim, em Roma e Moscou, revelam que em todas as grandes cidades está emergindo uma topografia social cada vez mais contrastada. Essa topografia tem uma longa história, e com o tempo se transformou também em uma clara topologia reconhecível nas práticas do espaço urbano, assim como no imaginário coletivo e individual, uma maneira de dar um sentido irreversível aos lugares e às partes da cidade que se torna cada vez mais nítido, como em um progressivo ajuste de sua imagem. Grande parte dos observadores concorda, por outro lado, em reconhecer que a maioria da população do planeta viverá cada vez mais em grandes áreas urbanas

---

6_ Gilles Kepel, *Quatre-Vingt-Treize*. Paris: Gallimard, 2012.

7_ Bernardo Secchi; Paola Viganò, «La Métropole horizontale. Bruxelles et ses territoires», in: *Bruxelles 2040*. Bruxelas, 2012.

8_ Id., *Antwerp: Territory of a New Modernity*. Amsterdã: SUN, 2009.

ou metropolitanas, em todo caso dentro de vastos territórios intensamente urbanizados ainda que bastante diferentes entre si. Muitas cidades e regiões metropolitanas assistirão ao aumento de sua população, enquanto outras vão perdê-la.

Paris, ícone do século XIX, assim como Londres, Viena e Berlim, é porém muito diferente de Nova York, Hong Kong, Singapura e de tantas cidades verticais que se tornaram ícones do século XX; e elas, por sua vez, são ainda muito diferentes da *North Western Metropolitan Area*, a grande área de urbanização dispersa que se estende de Lille a Bruxelas, de Antuérpia e Rotterdam a Amsterdã e Colônia. Essas metrópoles se desenvolveram em períodos diferentes e são distintas entre si, ainda que sejam contemporâneas. Mas com toda probabilidade — esta é a primeira tese das páginas que seguem — elas terão de enfrentar no futuro próximo problemas análogos, que, em sua totalidade, constituem a «nova questão urbana». As desigualdades sociais e as evidentes formas de injustiças espaciais derivadas delas, além das consequências das mudanças climáticas e dos problemas relacionados a uma concepção de mobilidade urbana como parte dos direitos de cidadania, representam um de seus aspectos mais relevantes.[9]

Não é a primeira vez, na história ocidental, que uma questão urbana aflora como um problema espinhoso no percurso

---

9_ Bernardo Secchi, «A New Urban Question. Understanding and Plan-

do crescimento econômico e social. Basta citar «a polêmica sobre o luxo» ao longo do século XVIII (na verdade, um debate sobre onde poderia e deveria acontecer a primeira acumulação de capital),[10] a «questão da habitação» na metade do século XIX (um debate sobre as contradições implícitas na passagem da produção em pequena escala para o sistema de fábrica, com a inevitável formação e concentração do proletariado na cidade industrial), a questão da *Großstadt* na virada para o século XX (argumento principal para Simmel, Kracauer e Benjamin,[11] quando, no «desmesurado» território da metrópole, a sociedade se desindividualiza, a multidão e o público se tornam os novos sujeitos políticos relevantes: Le Bon, Tarde, Park, Riesman).[12] Enfim, uma nova questão ur-

---

ning the Contemporary European City». *Territorio*, n. 53, 2010.

10_ Carlo Borghero (Org.), *La polemica sul lusso nel Settecento francese*. Turim: Einaudi, 1974.

11_ Stéphane Füzesséry; Philippe Simay, *Le Choc des métropoles. Simmel, Kracauer, Benjamin*. Paris: L'Éclat, 2008.

12_ Gustave Le Bon, *The Crowd: A Study of the Popular Mind*. Londres, 1896 [ed. bras.: *Psicologia das multidões*. Trad. de Mariana Sérvulo da Cunha. 3. ed. São Paulo: WMF Martins Fontes, 2018]; Gabriel Tarde, «The Public and the Crowd» [1901], in : Id., *On Communications and Social Influence: Selected Papers*. Chicago: University of Chicago Press, 1969 [trad. bras.: «O público e a multidão», in: G. Tarde. *A opinião e as massas*. Trad. de Eduardo Brandão. 2. ed. São Paulo: Martins Fontes, 2005]; Robert E. Park, *The Crowd and the Public and Other Essays* [1904]. Chicago: University of

bana baseada no «direito à cidade» e estudada, como se sabe, por Henri Lefebvre, Manuel Castells e Michel de Certeau,[13] surge nos anos 1960 e 1970, quando o modelo fordista de organização do trabalho desindividualizado declina e quando, ao mesmo tempo, a estrutura da sociedade se articula; quando a classe média cresce numericamente e ganha peso político, dando maior importância à autonomia individual e uma nova atenção à vida cotidiana e ao «cuidado de si».[14]

Toda vez que a estrutura da sociedade e da economia muda — e aqui surge a segunda tese —, a questão urbana volta ao primeiro plano: no início da Revolução Industrial, com a produção industrial indo do campo para a cidade,

---

Chicago Press, 1972; David Riesman, *The Lonely Crowd*. New Haven: Yale University Press, 1948 [ed. bras.: *A multidão solitária*. Trad. de Rosa R. Krausz e J. Guinsburg. 2. ed. São Paulo: Perspectiva, 1995].

13_ Henri Lefebvre, *Le Droit à la ville*. Paris: Espace et Politique, 1968 [ed. bras.: *O direito à cidade*. Trad. de Rubens E. Frias. São Paulo: Centauro, 2001]; Manuel Castells, *La Question urbaine*. Paris: Maspero, 1972 [ed. bras.: *A questão urbana*. Trad. de Arlene Caetano. Rio de Janeiro: Paz e Terra, 1983]; Michel de Certeau, *L'invention du quotidien*. Paris: Union Générale d'Éditions, 1980 [ed. bras.: *A invenção do cotidiano*. Trad. de Ephraim F. Alves e Lúcia Endlich Orth. Petrópolis, RJ : Vozes, 2011, vol. 1, e 2013, vol. 2].

14_ Michel Foucault, *Le Souci de soi*. Paris, Gallimard, 1984 [ed. bras.: *História da sexualidade*, vol. 3: *O cuidado de si*. Trad. de Maria Thereza Costa. 13. ed. São Paulo: Paz e Terra, 2014].

da manufatura ao sistema de fábrica; quando a organização do trabalho fordista-taylorista constrói uma sociedade de massa; em seu término e, por fim, no princípio do que Bauman associa à «sociedade líquida»,[15] Beck à «sociedade do risco»[16] e Rifkin à «era do acesso».[17] No passado, a cidade saiu dessas «crises» todas as vezes transformada: em sua estrutura espacial, nas relações entre ricos e pobres e em sua imagem.

Por outro lado, a questão urbana sempre trouxe à tona novos temas, novos conflitos e novos sujeitos que cultivaram novas e diferentes ideias da igualdade e da desigualdade.[18] A atenção dos estudiosos na maioria das vezes se concentrou nos seguintes aspectos: em geral sobre o conflito entre capital e trabalho, como talvez seja correto, desde que se compreenda que tanto um quanto o outro, tanto o capital quanto o trabalho, se apresentaram sempre com fisionomia, estratégias e natureza diversas – o capitalismo manchesteriano, o fordista, o toyotista e o mundo das finanças de um lado, o proletaria-

---

15_ Zygmunt Bauman, *Liquid Modernity*. Cambridge, Polity Press, 2000 [ed. bras.: *Modernidade líquida*. Trad. de Plínio Dentzien. Rio de Janeiro: Zahar, 2001].

16_ Ulrich Beck, *World Risk Society*. Cambridge: Polity Press, 1999.

17_ Jeremy Rifkin, *The Age of Acess: How the Shift from Ownership to Access Is Transforming Modern Life*. Londres: Penguin Books, 2000.

18_ Rosanvallon, op. cit.

do, as classes médias, os jovens desempregados das *banlieues* do outro. Mas todas as vezes a emergência de uma nova questão urbana gerou também políticas e projetos diferentes para a cidade, em particular políticas espaciais. Temas, conflitos, sujeitos, políticas e projetos que se sobrepuseram e se acumularam no tempo sem que fossem cancelados. A cidade e o território contemporâneos são o arquivo disso.

Hoje a nova questão urbana emerge em uma época de profunda crise das economias e das sociedades ocidentais, na qual a crescente individualização e desestruturação da sociedade e uma consciência da escassez dos recursos ambientais, junto com demandas crescentes em relação a segurança, saúde e instrução, progresso tecnológico e mudanças das regras de interação social, constroem imagens, cenários, políticas e projetos que são em parte contrastantes uns com os outros.[19]

---

19_ Ressalto que, em momentos como esse, ao falar da cidade não somos capazes de usar palavras simples. A proliferação de termos largamente metafóricos com os quais a cidade contemporânea é denominada hoje é uma prova. No passado, momentos de crise urbana também foram caracterizados por uma série de metáforas que tentavam representar a realidade, seus problemas e seu ter de ser. O papel das metáforas, como se sabe, é dar sentido ao que não somos capazes de compreender totalmente. De fato, toda vez que não compreendemos uma situação sentimos necessidade de imagens fortes. O projeto, não apenas físico, da cidade se serviu e se serve desse recurso, com frequência de maneira acrítica. Bernardo Secchi, *A New Urban Question: When, Why and How Some Fundamental Metaphors Were Used.* Conferência. Paris: École Spéciale d'Architecture, 2009.

# ECONOMIA, SOCIEDADE E TERRITÓRIO

Certamente pode parecer mais simples e natural captar as diferenças entre ricos e pobres e examinar os problemas levantados pela desigualdade observando sobretudo as políticas econômicas e suas justificações; examinando em especial as políticas do trabalho, os gastos públicos e fiscais; ou as políticas institucionais, como as que fortalecem ou enfraquecem os direitos de cidadania, ou ainda as opiniões e os comportamentos de segmentos significativos dos cidadãos, em particular as opiniões que os membros de um grupo e do outro possuem em relação às causas da pobreza e aos métodos para combatê-la.[1] Mas é fácil também concordar com a tese de Carl Schmitt, segundo a qual «não existem ideias po-

---

1_ Benjamin M. Friedman, *The Moral Consequences of Economics Growth*. Nova York: Vintage Books, 2005 [ed. bras.: *As consequências morais do crescimento econômico*. Trad. de Renato Bittencourt. Rio de Janeiro: Record, 2009]; John K. Galbraith, *L'Art d'ignorer les pauvres*. Paris: LLL, 2011 (publicado originalmente em *Harper's Magazine*, nov. 1985, traduzido e reproduzido em *Le Monde Diplomatique*, out. 2005) [trad. bras.: «A arte de ignorar os pobres». Trad. de Silvia Pedrosa. *Le Monde Diplomatique*. Disponível em: <http://diplo.org.br/2005-10,a1172>. Acesso em: 8 set. 2019].

líticas sem um espaço a que façam referência, nem espaços ou princípios espaciais aos quais não correspondam ideias políticas».[2] Sistemas e dispositivos relativos à construção e à gestão da cidade e do território tiveram e têm consequências relevantes no que se refere às relações de integração ou exclusão entre ricos e pobres.

Na União Soviética dos anos 1920, os *rispecchialisti* afirmavam que toda forma de expressão artística só poderia ser o espelho da estrutura social contemporânea a ela.[3] Não podendo e não buscando assumir nenhuma autonomia em relação à estrutura social, toda forma artística devia e podia apenas ilustrá-la, desnudá-la, espelhá-la da maneira mais realista possível. A posição dos *rispecchialisti* foi assumida, dentro de uma visão reducionista e banal — e talvez sem saber nada deles —, por muitos estudiosos, projetos e políticas da cidade e do território nas últimas décadas do século xx, sem nenhum distanciamento crítico entre a estrutura da economia e a do projeto; negando a dimensão discursiva do projeto e das políticas urbanas como campo linguístico no qual

---

2_ Carl Schmitt, «Völkerrechtiliche Grossraumordnung: mit Interventionsverbot für raumfremde Mächte. Ein Beitrag zum Reichsbergriff im Völkerrecht» [1939], in: Id., *Staat, Grossraum, Nomos. Arbeiten aus den Jahren 1916-1969*. Berlim: Duncker & Humblot, 1995.

3_ Enzo Roggi, *Le autoblinde del Formalismo: Conversazione con Vicktor B. Sklovskij tra memoria e teoria*. Palermo: Sellerio, 2006.

se constituem os diferentes conceitos: um campo delimitado pelo que pode ou não ser dito em determinado contexto espacial, econômico, social, jurídico-institucional e temporal, mas que sempre se propõe a obrigação moral de ultrapassar os limites. Isso fez com que não se percebesse, desde pelo menos a metade do século XIX, que com frequência o discurso urbanístico, o estudo e o projeto da cidade, na Europa mas de início também nos Estados Unidos, foram suscitados e construídos em antítese a uma posição *rispecchialista*.

A emergência hoje de uma questão urbana específica articula temas dificilmente separáveis entre si, como os das desigualdades sociais, das mudanças climáticas e do direito à acessibilidade, revela algo importante, ou seja — esta é a terceira tese aqui proposta —, que o espaço, grande produto social construído e modelado no tempo, não é infinitamente maleável, não é infinitamente disponível às mudanças da economia, das instituições e da política. Não apenas porque se interpõe à resistência da própria inércia, mas também porque até certo ponto constrói a trajetória na qual essas mudanças podem acontecer.

# RICOS E POBRES

Mesmo que tenham uma conotação vaga, ricos e pobres são conceitos bem claros para cada um de nós. Do fundo do vale é difícil medir a altura dos cumes ao redor, sobretudo determinar a altura relativa, e do alto dos cumes, em especial ao entardecer, quando o sol ainda os ilumina um pouco, os vales parecem muitas vezes uma escuridão uniforme. No entanto, raramente os cumes são confundidos com os vales.

A pobreza, assim como a riqueza, com certeza é «um emaranhado de fatores políticos, sociais, históricos, institucionais e tecnológicos»,[1] e, para chegar a um conhecimento da topografia social, foram propostos diversos indicadores. Em geral, os parâmetros preferidos são a renda disponível e a riqueza per capita. A renda, obviamente, é ligada a outros parâmetros: à posição ocupada no mercado de trabalho e na estrutura de poder; ao nível de instrução; aos tipos de consumo; às características, à dimensão e à localização da residência; aos locais frequentados... À riqueza é associada a

---

1_ William Easterly, *The White Man's Burden: Why the West's Efforts to Aid the Rest Have Done So Much Ill and So Little Good.* Nova York: Penguin, 2006.

história pessoal, a história familiar e do grupo social do qual se faz parte, mas também o modo como foi acumulada... As tentativas de explicação e entendimento, por meio de indicadores complexos, do caráter pluridimensional da riqueza e da pobreza e de sua relação com a qualidade de vida enriquecem a perspectiva, mas normalmente — ao menos por enquanto — não mudam as características fundamentais.[2]

Rica não é apenas a pessoa, a família, o grupo que dispõe de uma renda elevada e/ou de um patrimônio conspícuo. Rica é também a pessoa à qual, citando Pierre Bourdieu,[3] um consistente capital cultural, ou seja, um elevado saber, ou uma elevada situação profissional ou um consistente capital social, ou seja, uma consistente rede de relações com os semelhantes, sobretudo com os mais «poderosos», proporciona um status, concede que ela desfrute de uma renda, acumule e conserve uma riqueza análoga à de uma pessoa com elevado capital econômico. Para Edward Soja,[4] ao contrário, rica é também a pessoa, a família ou o grupo que dis-

---

2_ Maurizio Franzini, *Ricchi e Poveri: L'Italia e le disuguaglianze (in)accettabili*. Milão: Università Bocconi, 2010.

3_ Pierre Bourdieu, *La Distinction: Critique sociale du jugement*. Paris: Minuit, 1979 [ed. bras.: *A distinção: Crítica social do julgamento*. Porto Alegre: Zouk, 2011].

4_ Edward W. Soja, *Seeking Spatial Justice*. Minneapolis: University of Minnesota Press, 2010.

põe de um capital espacial adequado, ou seja, vive em lugares da cidade e do território dotados de requisitos que facilitam a inclusão na vida social, cultural, profissional e política, assim como nas atividades que lhe são mais afins.

Por analogia, pobre não é apenas a pessoa, a família ou o grupo que dispõe de uma renda e de um patrimônio exíguo, mas também aquela que de fato não dispõe, nem mesmo potencialmente, das possibilidades de usufruir de quaisquer bens e serviços essenciais para a sobrevivência, como os cuidados médicos; que não tem acesso a nenhum tipo de instrução ou assistência social e cujo capital espacial a exclui dos direitos mais elementares de cidadania; que é estigmatizada e «etiquetada»[5] em função do próprio lugar de residência.

Os dois grupos, o dos ricos e o dos pobres, possuem ambos identidade e limites incertos e mutáveis. Ao longo do tempo e nas diferentes regiões do planeta, foram e ainda são diferentemente identificados e delimitados. Na «sociedade líquida»[6] contemporânea, esses grupos são em geral bastante articulados e não claramente identificáveis nem por sua po-

---

5_ *Etiquettage* é um termo muito utilizado na França para indicar a estigmatização das pessoas em função do lugar de residência, particularmente a residência em bairros considerados «difíceis».

6_ Zygmunt Bauman, *Liquid Modernity*. Cambridge, Polity Press, 2000 [ed. bras.: *Modernidade líquida*. Trad. de Plínio Dentzien. Rio de Janeiro: Zahar, 2001].

sição no processo produtivo, como ocorreu — para fazer uma representação esquemática — na burguesia e na classe operária, nem pela posição em uma hierarquia de soberania e jurisdição territorial consolidada, como era para a aristocracia do Antigo Regime. Sua identidade e seus limites são muitas vezes definidos em uma geografia do poder cada vez mais vaga, mutável, contraditória e conflituosa. Sobretudo, rico e pobre não são categorias especulares: o que define a riqueza não define a pobreza por sua ausência, e vice-versa, e o que define a pobreza com frequência é irrelevante para definir a riqueza. Entre as duas situações existe, como se sabe, um meio-termo, mutável e dificilmente definível, mas que, sobretudo no século xx, cresceu quantitativamente, contribuindo para o ocultamento das situações extremas.

Nas sociedades democráticas modernas, o grupo dos ricos é teoricamente um grupo aberto: todos podem ter esperança de entrar, e deveriam saber que o risco de ser expulso é concreto. O grupo dos pobres também é aberto: o risco de ser arrastado para lá é sempre presente, a possibilidade de sair é mais reduzida, mas não nula. Não é de estranhar que, assim como todos os grupos sociais dominantes do passado, o grupo dos ricos busque fazer valer como princípio evolutivo e de autodefesa, em conflito com outros grupos sociais e também ao custo de restringir os espaços da democracia, um princípio indireto de cooptação e exclusão seletiva; ou busque, em outras palavras, utilizar um conjunto de dispositivos, incluindo os de natureza espacial,[7] para manter à distância quem não faz parte, para impedir a entrada de alguns e dar visibilidade aos próprios membros, estabelecendo complicadas e às vezes redundantes regras de comportamento internas ao grupo. Isso faz com que à abertura puramente formal do grupo dos ricos corresponda em geral um fechamento ainda mais rígido desse grupo, tornando as barreiras que separam os pobres ainda mais intransponíveis.

Alguns aspectos da cidade contemporânea parecem ser o terreno em que essas estratégias e conflitos acontecem e em que seus resultados provisórios consequentemente são representados. O discurso retórico sobre a segurança, por exemplo, que transforma eventos aleatórios, temporários e não sistemáticos, e sobre os quais se enfatizam a dimensão e suas consequências, como se fossem fenômenos difusos e perenes, é um dos principais, ainda que seja um dos mais banais instrumentos.[8]

---

7_ Steven Flusty, «Building Paranoia», in: Nan Ellin (Org.), *Architecture of Fear*. Nova York: Princeton Architectural Press, 1997.

8_ Zygmunt Bauman, *City of Fears, City of Hopes*. Londres: Goldsmith College, University of London, 2003.

# ESTRATÉGIAS DE EXCLUSÃO

A concentração nas grandes cidades daqueles que ao longo do tempo foram considerados ora plebe, *misérables, populace, classes dangereuses, loubars, racaille, zonards*, ora simplesmente pobres, sempre foi motivo de preocupação ao menos tanto quanto a doença e a fome, que lhes são quase sempre associadas. Como a lepra, a peste e a varíola, essa foi a origem de muitos medos individuais e gerais que agiram no imaginário coletivo, dando lugar a diferentes dispositivos de controle e repressão.[1] Como a lepra, a peste e a varíola, o medo do pobre, do estrangeiro, do nômade, do diferente originou muitas vezes a demanda por políticas de exclusão, controle, distanciamento ou internamento[2] que levaram com frequência até mesmo à obsessiva busca e estigmatização de determinados grupos sociais. Algumas páginas — entre as

---

1_ Michel Foucault, *Sécurité, territoire, population. Cours au Collège de France* [1977-78]. Paris: Seuil/Gallimard, 2004 [ed. bras.: *Segurança, território, população*. Trad. de Eduardo Brandão. São Paulo: Martins Fontes, 2008].

2_ Id., *Surveiller et punir: Naissance de la prison*. Paris: Gallimard, 1975 [ed. bras.: *Vigiar e punir: Nascimento da prisão*. Trad. de Raquel Ramalhete. Petrópolis, RJ: Vozes, 2013].

melhores — do romance de Manzoni *Os noivos* são dedicadas aos efeitos multiplicadores do medo gerado pela retórica sobre a segurança.

O medo produz intolerância, desfaz a solidariedade e desintegra a sociedade, substitui a cidadania e a virtude cívica,[3] faz com que, manzonianamente, o bom senso «se esconda com medo do senso comum». Grande parte da heterogeneidade e da fragmentação espacial da cidade contemporânea tem como origem uma contínua ruptura dos sistemas de solidariedade de um lado e o aumento da intolerância do outro, sejam esses de caráter sanitário, religioso, étnico ou cultural, ou se relacionem aos diferentes modos de vida ou níveis de renda, hábitos de consumo ou escolhas relativas à peculiaridade do espaço habitável. A intolerância nega a proximidade, separa e distancia atividades, edifícios, espaços públicos, seus habitantes e frequentadores. A configuração da cidade e do território sempre mudou no momento em que, mudando aspectos fundamentais de sua estrutura socioeconômica, mudaram os sistemas de solidariedade e intolerância dentro da sociedade. A história da cidade ocidental, provavelmente de cada cidade, poderia ser escrita tendo como referência os sistemas de compatibilidade e incompatibilidade recíproca entre pessoas, grupos sociais e atividades, que, em diferen-

---

3_ Carlo Galli, *Il disagio della democrazia*. Turim: Einaudi, 2011.

tes períodos e em distintas partes do planeta, as marcaram. Também hoje a questão urbana se revela cada vez mais como explosão de novos sistemas de intolerância.

O medo que impregna o mundo atual, no entanto, não é um fenômeno novo; nunca existiu um tempo passado no qual não se sentisse medo. O medo atravessou toda a nossa história desde a mais remota Antiguidade:[4] medo da agressão pelo inimigo, do infiel, da doença e do contágio, da carestia e da fome, medo da calamidade natural, da natureza madrasta, medo do outro e do diferente. Mudando a natureza do que amedronta, muda também a retórica da segurança e, sobretudo, mudam os dispositivos capazes de combater o medo: mas «os elementos desta série [...] não se sucedem [...] uns aos outros, aqueles que emergem não fazem desaparecer aqueles que os precedem».[5]

Escolha de lugares inacessíveis, bem defendidos pelas barreiras naturais; construções de vales e de muralhas ou de obras de engenharia hidráulica, normas de vigilância sanitá-

---

4_ Jean Delumeau, *La Peur en Occident*. Paris: Hachette, 1978 [ed. bras.: *História do medo no Ocidente*. Trad. de Maria Lucia Machado. São Paulo: Companhia de Bolso, 2009]; Vito Fumagalli, *Paesaggi della paura: Vita e natura nel medioevo*. Bolonha: Il Mulino, 1994; Giandomenico Amendola, *La città postmoderna: Magie e paure della metropoli contemporanea*. Roma/Bari: Laterza, 2008.

5_ Foucault, *Sécurité, territoire, population*, op. cit.

ria, normas alimentares e comerciais que limitam a entrada, a saída e a circulação, que definem o estatuto de determinados indivíduos e grupos sociais, de mercadorias e produtos específicos, de lugares e territórios, grades, ruas e acessos protegidos por senhas, câmeras de vídeo e seguranças: o catálogo dos dispositivos é extenso, mas não infinito. Ao longo da história eles foram aperfeiçoados e regulamentados, a eles se atribui uma nova importância e prioridade; sobretudo, são combinados e justificados diversamente por uma grande e ubíqua retórica de segurança. Dentro da sociedade de comunicação de hoje as retóricas têm consequências materiais muitas vezes mais óbvias do que os próprios fatos que elas tentam evocar.

Mas o medo não é o único responsável pela distinção e pela separação espacial, dentro do território da cidade, de atividades e profissões, de indivíduos e grupos dotados de identidade e estatutos diferentes, grupos étnicos e religiosos, de ricos e pobres. Operaram na mesma direção tradições religiosas, científicas e profissionais, e, entre essas últimas, as políticas da cidade e do território tiveram um lugar privilegiado.[6]

Denominar, localizar, definir, especificar e delimitar, separar e distanciar, ligar e unir, abrir ou cercar, dar dimensões

---

6_ Mustafa Dikeç, *Badlands of the Republic: Space, Politics, and Urban Policy*. Londres: Blackwell, 2007.

concretas a cada grupo de artefatos ou a cada um dos materiais urbanos, por exemplo um grupo de edifícios residenciais ou de instalações escolares, esportivas ou para espetáculos, uma rua ou um jardim, são características dos principais dispositivos do projeto da cidade e do território e ao mesmo tempo os principais dispositivos de controle da compatibilidade ou incompatibilidade entre as diferentes utilizações previstas, de redistribuição virtuosa ou perversa do bem-estar e de construção de uma ideia compartilhada de segurança. Disso pode resultar — para além das intenções — uma política de separação e exclusão que defina as características habitacionais e tipológicas de uma parte da cidade: alta ou baixa densidade, grandes *slabs*, casas geminadas em vez de casas unifamiliares com jardim. Ou então, uma política que especifique seu nível de infraestrutura e facilidades: quantos espaços verdes, quantos estacionamentos, quantas creches, escolas e centros de saúde; separá-los ou uni-los ao centro da cidade, à cidade existente ou a outras partes similares; dotá-la ou não de conexões fáceis e rápidas por transporte público; situá-la sobre o declive de uma colina ou no fundo de um vale, barlavento ou sota-vento, próximo de uma zona industrial ou com vista para o mar, sobre terrenos geologicamente estáveis ou instáveis, sujeitos a desmoronamentos ou a possíveis inundações ou protegidos de possíveis eventos; ou então separá-la de outras partes da cidade, seja por população, seja pelas atividades presentes. Ou, ainda, interpor entre as zonas amplas faixas verdes ou barreiras infraestruturais que as cercam como muros; definir procedimentos de acesso às diferentes partes da cidade, a suas instalações escolares ou sanitárias, a suas moradias; construir partes da cidade especificamente destinadas a grupos sociais para os quais o acesso ao mercado é difícil, bairros populares ou *grands ensembles* concebidos como monumentos de uma sociedade democrática que reduzem a complexidade social e visual da cidade, que separam a população em função da renda ou de outras características associadas à pobreza.

A história da cidade e do território, de qualquer cidade e de qualquer território, pode obviamente ser narrada de modo diferente: como história de sua arquitetura e de suas formas de assentamento, dos modos de ocupação e uso do território, das diferentes técnicas que ajudaram e condicionaram sua construção ou modificação; ou como a história dos próprios habitantes, da cultura e de seus conflitos. Mas pode ser contada também como história da construção de algumas grandes visões e ações geopolíticas e seus resultados. O que muda ao longo dessa história não é tanto o catálogo dos dispositivos institucionais, jurídicos, econômicos e espaciais utilizados dentro das diferentes visões geopolíticas quanto a atribuição dada a seu sentido e uso, a suas combinações e composições, a sua importância em termos funcionais ou simbólicos.

Um muro é um muro, mas seu significado, uso e papel são diferentes quando serve para proteger das intempéries ou do barulho, para delimitar um jardim ou um terreno cultivado, para separar os pestilentos do resto da cidade, para cercar um gueto ou uma *gated community*, para separar dois regimes políticos ou duas áreas dentro das quais são aplicados princípios jurídicos diferentes. Uma rodovia ou uma rua intensamente movimentada une rapidamente pontos situados a certa distância, mas ao mesmo tempo é uma barreira ruidosa poluidora que separa o território da direita do território da esquerda; tal separação pareceria inaceitável se ocorresse na cidade dos ricos, mas ninguém daria a devida atenção se ocorresse na cidade dos pobres,[7] ou se separasse de fato os ricos dos pobres. Os exemplos normalmente usados como referência são casos extremos, mas demasiado comuns para não fazer parte de políticas de separação, distanciamento e exclusão explícitas.[8] Faltam na história da cidade e do terri-

---

7_ É exemplar o enterramento da Avenue Charles de Gaulle em Neuilly-sur-Seine contado por Michel Pinçon, em M. Pinçon e Monique Pinçon-Charlot, *Les Ghettos du Gotha: Comment la bourgeoisie défend ses espaces* (Paris: Seuil, 2007).

8_ Alessandro Petti, *Arcipelaghi e enclave: Architettura dell'ordinamento spaziale contemporaneo*. Milão: Bruno Mondadori, 2007.

tório esses aspectos dos diferentes dispositivos físicos e espaciais, que são desenvolvidos durante períodos em geral bastante extensos. Eles são aludidos genericamente, sem uma referência mais precisa às visões geopolíticas que revelam e permitem que atuem.

Cada um desses dispositivos e seu conjunto aparecem em muitos escritos, discursos e desenhos de arquitetos e urbanistas, em afirmações com pretensões científicas, em pontos de vista morais, em instituições específicas, em procedimentos administrativos, em normas e conjunto de regras, em conceitos jurídicos e, normalmente, nas propostas e nas realizações de muitos planos urbanísticos e de muitos projetos de arquitetura. A tradição das políticas da cidade declinou e utilizou de modo diverso esses materiais heterogêneos, construindo diferentes formações discursivas, diferentes representações e diferentes partes da cidade: disso nascem suas diferenças nas várias partes do planeta.

Tradição é um termo rico, que faz referência a alguma coisa específica e reconhecível, dotada ao longo do tempo de certo grau de permanência; algo que de fato é transmitido de uma geração a outra por meio de informações, testemunhos, ensinamentos e exemplos orais, escritos, desenhados e construídos; algo constitutivo de um conjunto de imagens e regras que fazem com que toda a experiência de um país ou de uma cidade possa ser compreendida por seus habitantes, seja em seus aspectos comuns com os de outros países, regiões e áreas, seja em seus aspectos mais particulares. Tradição é também um termo fraco, que não pode ser considerado sinônimo de estruturas institucionais, jurídicas ou teorias; para compreender suas características, é preciso prestar muita atenção não apenas em seus aspectos mais fortemente institucionalizados, mas também em sua manifestação na praxe diária, em sua expressão nas usuais práticas linguísticas, nos julgamentos amplamente compartilhados. É preciso compreender as diferenças nesse terreno, por exemplo, entre a tradição europeia e a norte-americana; entre a norte-americana e a latino-americana, indiana ou chinesa.

As tradições, incluindo as tradições científicas, são caracterizadas por uma série de compromissos metafísicos e metodológicos e por proibições correspondentes. Por exemplo, sobre o que se entende como espírito «republicano» na França. Nesse sentido uma tradição pode ser identificada com uma série de elementos não refutáveis que a constituem e que são considerados sagrados: qualquer política é impregnada por eles.[9] É o conjuntos desses compromissos,

---

9_ Imre Lakatos, «Falsification and the methodology of scientific research programmes», in: Imre Lakatos; Alan Musgrave (Orgs.), *Criticism and the Growth of Knowledge*. Cambridge: Cambridge University Press, 1970 [trad. bras.: «O falseamento e a metodologia dos programas de pesquisa científica»,

proibições e elementos sagrados que a une a cada sociedade local, seja a constituída por uma grande comunidade nacional e linguística, seja a formada por uma cultura regional menor e específica.[10] Algumas grandes áreas do mundo ocidental afrontaram de fato os problemas da desigualdade urbana, e da integração ou da exclusão de diferentes grupos sociais, com seus próprios e específicos compromissos, proibições e dispositivos, ou seja, com seus próprios e heterogêneos grupos de «discursos, institutos, estruturas arquitetônicas, decisões regulamentares, leis, medidas administrativas, enunciados científicos, proposições filosóficas, morais e filantrópicas».[11] Atualmente muitos desses dispositivos se estenderam ao resto do planeta. A literatura a esse respeito é infinita.

Obviamente, as tradições europeias e americanas, latino-americanas ou de outros países podem ser tudo menos separadas e independentes; fazer uma distinção entre elas significa apenas traçar uma imagem imperfeita. E, embora

---

in: I. Lakatos; A. Musgrave (Orgs.), *A crítica e o desenvolvimento do conhecimento*. Trad. de Octavio Mendes Cajado. São Paulo: Cultrix/Edusp, 1979].

10_ Bernardo Secchi, «Nuove visioni della periferia». *Bollettino del Dipartimento di Urbanistica e Pianificazione del Territorio*, Florença, Università degli Studi di Firenze, 1996.

11_ Michel Foucault, *Dits et* écrits, *1954-1988*. Org. de D. Defert e F. Ewald. Paris: Gallimard, 1994 [ed. bras: *Ditos e escritos*. 10 vols. temáticos. Rio de Janeiro: Forense Universitária, 2010-2015].

seja possível encontrar no interior dessas tradições outras diferenças notáveis — por exemplo, no que diz respeito à Europa, as diferenças entre os países escandinavos e os mediterrâneos, entre a Inglaterra e os países continentais —, talvez, sob a pressão da globalização e dos imponentes movimentos de população entre os vários continentes que conotam os últimos 150 anos, essas tendam sempre a assemelhar-se e a unificar-se, assim como tendam a assemelhar-se as políticas de redistribuição do *welfare*, de seus primórdios, no fim do século XIX, até as últimas décadas do século XX. Podemos assim encontrar muitos elementos da tradição europeia na América do Norte, e vice-versa.[12] De modo análogo, como se sabe, podemos encontrar muitos elementos da tradição europeia, norte-americana e latino-americana em numerosas cidades asiáticas e africanas.

Entretanto, os resultados de cada uma das tradições permanecem ainda muito variados: a cidade europeia é muito diferente daquela de outros continentes, e é por isso que as tradições às quais faço referência nos parecem tão distantes. Até mesmo internamente a cada uma delas podem-se observar diferenças profundas: um dos aspectos que mais

---

12_ Robert Fishman (Org.), *The American Planning Tradition: Culture and Policy*. Washington, DC/Baltimore: The Woodrow Wilson Center Press/The Johns Hopkins University Press, 2000.

evidencia essa característica é a topografia da riqueza e da pobreza, o modo como uma e outra se concentram ou se distribuem espacialmente nas diferentes cidades. Muitos indicadores podem fazer supor que, em uma época de crescente globalização e individualização da sociedade, de progressiva demolição das estruturas institucionais e culturais do *welfare state* e de profunda modificação das estruturas demográficas das diferentes partes do mundo, as tradições mais recentes possam oprimir as mais antigas, trazendo, em cada parte do mundo, diversos e importantes problemas para o futuro da cidade e para seu projeto; o que, em um planeta que se urbaniza cada vez mais, equivale a dizer diversos e importantes problemas para o futuro da humanidade e para as políticas que buscam construí-lo.

# RICOS

Burguesia e classe média sempre praticaram uma política de «distinção», no sentido que Pierre Bourdieu dava ao termo. O adjetivo «distinto», qualificativo de uma pessoa, de um grupo ou de um lugar, possui uma longa história na cultura ocidental e sempre foi muito presente no vocabulário dos ricos e da classe média.

A partir do final do século XVIII, com a emergência gradual de uma consistente burguesia, na Inglaterra e também em outros países europeus, modifica-se todo um sistema de valores relativos à moradia e à cidade. A domesticidade começa a assumir uma importância cada vez maior, por três ordens de motivos: a pressão dos movimentos evangélicos, para os quais a casa se torna um microcosmo, núcleo de uma sociedade ideal oposta ao mundo externo; os progressos tecnológicos e sanitários, com a consequente diminuição da mortalidade infantil e a maior presença de jovens nas famílias; o afastamento, por fim, da família e da casa das atividades profissionais ou empregatícias das novas gerações. O mundo burguês se separa em dois: em uma espécie de lado externo o mundo do trabalho e a cidade, e no lado interno o mundo da casa e da família, o estojo do compasso e de seus acessórios imersos no veludo evocado por Benjamin em seus escritos dos anos 1920.[1] A narrativa do século XIX é cheia de personagens que distinguem e separam, aspiram a distinguir e separar, nitidamente, entre eles os dois mundos, e é nas primeiras décadas do século que se situam as primeiras realizações de partes da cidade — como Edgbaston, a Belgravia de Birmingham —, nas quais se impede a presença de comércio e até mesmo de atividades profissionais realizadas dentro da própria residência.[2]

Mas o momento crucial, tanto na Inglaterra como na França e sucessivamente nos outros países europeus, se situa talvez por volta da metade do século XVIII, quando a burguesia, seguida por boa parte das classes médias, afirma com força o valor da *privacy*, do *comfort* e do decoro. A partir da própria moradia.[3] Uma vez abandonada a ideia de que

---

1_ Walter Benjamin, *Das Passagen-Werk*. Frankfurt AM: Suhrkamp, 1982 [ed. bras.: *Passagens*. Belo Horizonte/São Paulo: Ed. UFMG/Imprensa Oficial, 2007].

2_ Catherine Hall, «The Sweet Delights of Home», in: Michelle Perrot (Org.), *A History of Private Life*, vol. 4. Cambridge, Mass.: Harvard University Press, 1990 [trad. bras.: «Sweet home», in: M. Perrot (Org.), *História da vida privada 4*. Trad. de Denise Bottmann e Bernardo Joffily. São Paulo: Companhia de Bolso, 2014].

3_ John E. Crowley, *The Invention of Comfort: Sensibilities and Design in Early Modern Britain and Early America*. Baltimore: The Johns Hopkins

a residência devesse representar o próprio status, como era para a aristocracia do *ancien régime*, ou que fosse o lugar da ostentação do «luxo», contra o qual o rigor protestante da nascente burguesia polemizava, começou-se a prestar mais atenção nas relações entre o corpo e seu ambiente mais próximo: limpeza, calor e luz, mas também articulação e separação dos diversos espaços da moradia e a adaptação aos novos rituais de recepção dos hóspedes, versão burguesa da antiga tradição aristocrática do *salon*.[4]

A partir da moradia, a busca do *comfort* se estende aos principais lugares da sociabilidade mundana: aos teatros, aos hipódromos e aos campos para o esporte, aos parques, jardins e avenidas arborizadas, aos lugares que recebem festas, coquetéis, jantares, museus e espaços para exposições; nas cidades, assim como nos destinos turísticos blasonados ou nas grandes «cabanas de caça» dispersas pelo território; lugares onde se constroem redes de contatos, alianças culturais, econômicas e políticas; onde a burguesia se define como classe e constrói, nos termos de Pierre Bourdieu, o próprio capital social e cultural. A Paris haussmanniana, assim como a Londres vitoriana, as áreas da rua Ring de Viena e um pou-

---

University Press, 2001; Judith Flanders, *The Victorian House*. Londres: Harper Perennial, 2003.

4_ Benedetta Craveri, *La civiltà della conversazione*. Milão: Adelphi, 2001.

co mais tarde a Milão burguesa do Beruto são uma representação plástica desse fenômeno.

Um século depois, à medida que o grupo dos ricos se torna relativamente menor e a distância em relação aos pobres aumenta, mudam as políticas de distinção: às políticas de identificação e reconhecimento se somam as de separação e exclusão. Os bairros residenciais ricos de Paris da Terceira República, da Londres do período vitoriano, da Viena *fin de siècle* ou da Milão de Beruto eram e ainda são bem diferentes de uma *gated community*, ainda que muitos edifícios se pareçam cada vez mais com os dos condomínios fechados de São Paulo.[5] A Europa possui uma longa história de cidade, e, na complexidade do «palimpsesto» do território europeu, muitos aspectos de nosso mundo e de seu possível futuro aparecem desfocados, confusos e mais difíceis de reconhecer. Uma viagem pelo continente americano, um continente no qual o Estado de bem-estar social sempre teve um papel menor do que na Europa, pode contudo nos ensinar muitas coisas.

Se do Canadá vamos rumo ao sul, passando pelos Estados Unidos, pelo México, pelos países da América Central, Brasil e Argentina, percebemos o progressivo aumento da frequência e a crescente mudança dos motivos e das características das

---

5_ Michel Pinçon; Monique Pinçon-Charlot, *Les Ghettos du Gotha: Comment la bourgeoisie défend ses espaces*. Paris: Seuil, 2007.

*gated communities*. Algumas cidades da América Central e do Sul se tornaram representações claras do resultado de processos de distinção e de exclusão/inclusão social.

Até mesmo observar os fenômenos em uma versão extrema, perceber quanto de nosso futuro pode estar ali escondido, notar como esses fenômenos se manifestam dentro dos diversos contextos sem se entrincheirar no mito consolador de uma inabalável diferença e especificidade europeia, é interessante. Pode nos levar, sim, a cometer erros, mas muitas vezes consente ver primeiro, «pre-ver», algo que está diante de nossos olhos e que persistimos em não querer compreender.

No Brasil, por exemplo, a companhia americana Alphaville construiu e está construindo algumas dezenas de condomínios fechados de grandes dimensões, verdadeiras cidades novas com uma população que pode superar, em alguns casos, 100 mil habitantes. Na Argentina, na área de Buenos Aires, no início deste século,[6] podiam-se contar 450 *condominios cerrados*, cada um com seu próprio nome.

---

6_ Maristella Svampa, *La brecha urbana: Countries y barrios privados*. Buenos Aires: Capital Intellectual, 2004; Nora R. Libertun de Duren, *Growth and Poverty in the Urban Fringe: Decentralization, Dispersion, and Inequality in Greater Buenos Aires*. Tese de PhD. Harvard University, 2007; Gonzalo Cáceres; Francisco Sabatini (Orgs.), *Barrios cerrados en Santiago*

O modelo urbanístico de referência mais frequente é o do *new urbanism*, que nasceu nos Estados Unidos nos anos 1980 e que desde o início, com Peter Calthorpe, seu idealizador e promotor, mostrava-se completamente coerente — exceto pela linguagem urbana — com a carta fundadora da arquitetura e urbanística do Movimento Moderno, ou seja, com a carta de Atenas, e tornava-se assim uma releitura à luz de critérios éstéticos que é inevitável indicar como «populistas», ainda que direcionados à classe média alta. Nos anos 1990, uma versão mais avançada do *new urbanism* se apropriou das novas «teorias» ecológicas. As *smart cities* estadunidenses, assim como as Alphaville brasileiras, utilizaram-na dentro de uma grande retórica de marketing na qual o tema da segurança, de um lado, e o da qualidade ambiental, do outro, se tornam pilares da construção de uma nova sociedade.

Dentro dessas cidades, tanto no Brasil como nos Estados Unidos, no México, na Colômbia, na Venezuela e na Argentina, obviamente vivem os ricos: as *gated communities* são seu capital espacial, o que os distingue do resto da população. Ali entram, por cooptação, famílias e indivíduos dotados —

---

*de Chile: entre la exclusión y la integración residencial.* Santiago: Lincoln Institute of Land Policy/Instituto de Geografía, Pontificia Universidad Católica de Chile, 2004.

para usar mais uma vez as palavras de Pierre Bourdieu — de elevado capital econômico e/ou cultural e/ou social; de renda elevada, e/ou de elevados níveis de instrução e profissionalismo e/ou de uma rede de relações sociais com os mais altos graus do poder. É famoso o episódio de uma *gated community* argentina que recusou a candidatura do jogador de futebol mais famoso do país.

A cooptação nos vários círculos, clubes e associações é, como se sabe, em todo o mundo ocidental e há tempos, o procedimento utilizado pelas classes superiores para se reconhecerem e encontrarem, direta ou indiretamente, coesão e cumplicidade.[7] Um procedimento articulado e complexo que se baseia em um projeto educativo dos jovens nos *ralis*, na escolha de determinadas escolas, na participação em festas organizadas nos diversos círculos e clubes.[8] Os grupos emergentes que vivem nas *gated communities* comparam o próprio estilo de vida, as próprias rendas e o próprio status aos homólogos, vivam eles nos *beaux quartiers* de Nova York, Los Angeles ou Paris, ou em outras *gated communities* espalhadas pelo mundo. Os pobres, desempregados ou aqueles

---

7_ Pinçon; Pinçon-Charlot, op. cit.

8_ G. William Domhoff, «The American Upper Class», in ld., *Who rules America Now?* Nova York: Simon & Schuster, 1983; republicado em Susan J. Ferguson, *Mapping the Social Landscape: Reading in Sociology* (Mountain View, CA: Mayfield Publishing Company, 1996).

que realizam trabalhos mais humildes de manutenção e limpeza das casas, dos jardins, das ruas e das piscinas do clube, vivem em *favelas* ou em áreas situadas muitas vezes ao lado das *gated communities*. A burguesia parisiense da Terceira República construía as *chambres de bonne* nos sótãos.

Não existem estimativas reais — e isso não deve parecer estranho — de quantas pessoas vivem nas *gated communities*. Em 1996, Edward Blakely e Mary Gail Synder estimavam em cerca de 10 milhões os cidadãos americanos que viviam em 20 mil *gated communities*.[9] Em 2001, Thomas Sanchez e Robert Lang, com uma estimativa mais precisa, indicavam quase 7 milhões de famílias (cerca de 5,9% das famílias estadunidenses) vivendo em comunidades circundadas de muros e outros 4 milhões vivendo em comunidades com vários tipos de controle de acesso.[10] No total, em 2001 pelo menos 16 milhões de pessoas viviam, nos Estados Unidos, dentro de *gated communities*.

A *gated community* é a negação da cidade, mas se torna, junto das *favelas* e dos bairros pobres que inevitavelmente as acompanham, a representação espacial do caráter da nova so-

---

9_ Edward J. Blakely; Mary G. Synder, *Fortress America: Gated Communities in the United States*. Washington, DC: Brookings Institution Press, 1997.

10_ Thomas W. Sanchez; Robert E. Lang, «Security versus Status. The Two Worlds of Gated Communities». *Census Note 20:02*, Alexandria (VA), Metropolitan Institute at Virginia Tech, nov. 2002.

ciedade e de sua política de distinção ou, em outras palavras, de inclusão/exclusão. Mas a *gated community*, assim como de maneira mais discreta os círculos, os clubes ou os impenetráveis *beaux quartiers* e de maneira ainda mais ambígua e atualizada os numerosos ecobairros europeus, é algo mais: é um estado de suspensão do quadro jurídico-institucional do Estado do qual faz parte; é o lugar de formas de *governance* novas e específicas constituídas *ad hoc* e aceitas em um pacto de mútua solidariedade por seus habitantes. É um Estado no Estado. Os aspectos jurídico-institucionais da *gated community* são tão importantes quanto os físicos-espaciais.

Obviamente o mundo das *gated communities* e, de maneira mais geral, das cidades dos ricos é muito diversificado e sua importância e composição social variam de acordo com a estrutura social dos diversos países e das diversas áreas metropolitanas nas quais são inseridas. Entre as *gated communities* argentinas e o bairro *bobo* ou o bairro exclusivo parisiense existem profundas diferenças que não podem ser subestimadas. O papel, a extensão e as dinâmicas da classe média são em todo caso variáveis importantes para determinar a estrutura e a evolução das *gated communities*.

É interessante observar o resultado, nas diferentes situações, do modo como, por exemplo, a política de distinção opera de fato nas classes médias: uma parte é absorvida e incluída pelas camadas mais ricas e/ou potentes da sociedade, apropria-se de um capital espacial específico e é eventualmente incluída nas *gated communities*; outra, muito mais vasta, é pouco a pouco excluída e conduzida em direção a uma progressiva pobreza. A cidade e o território construídos das cidades dos ricos são cada vez mais «distintos» e diferentes.

A busca paciente de muitos arquitetos e urbanistas ao longo de todo o século XX tentou, sobretudo na Europa, fazer com que as distâncias da qualidade do espaço praticado por cada um dos grupos sociais, dentro ou fora da própria habitação, fossem menores do que as que existiam entre os respectivos níveis de renda e poder. É por causa de atitudes, projetos e intervenções desse tipo que a urbanística por muito tempo não foi *rispecchialista*. Porém, nos últimos anos do século XX, em um período de progressivo crescimento numérico e centralidade política da classe média e do desmonte do *welfare state*, o espaço habitado pelos diferentes grupos sociais voltou a se separar e a divergir em seus aspectos fundamentais, alimentando políticas e comportamentos produtores de exclusão.

Entre as cidades dos ricos e a dos pobres, tomou corpo a «cidade difusa»,[11] uma cidade dispersa, como em Flandres, no norte da Itália e em muitas outras regiões europeias, sobre territórios muito extensos. A dispersão é a forma de ci-

---

11_ Francesco Indovina, *La città diffusa*. Veneza: Dipartimento di Analisi Economica e Sociale del Territorio/Istituto Universitario di Architettura, 1990.

dade da parte da sociedade mais fortemente individualizada, trancada em uma ideologia do enraizamento e da identidade; com um zelo extremo pelo «privado», pela intimidade e familiaridade da vida cotidiana, do «cuidado de si», atenta à construção do próprio pequeno mundo local, que, por miopia ético-intelectual, se torna responsável implícito e às vezes explícito pelos aspectos mais cruéis da exclusão de quem provém de um mundo mais vasto e global.

# POBRES

Os ricos sempre preferiram construir a própria cidade em áreas não urbanizadas anteriormente: ao longo da *upper Fifth Avenue*, em Nova York, como nos contou Edith Wharton em *A idade da inocência*, de 1920, no 16º *arrondissement*, em Paris, em Belgravia, em Londres, ao longo da rua Ring em Viena. Também, no oeste de Moscou, a Roublyovka — hoje uma das partes mais ricas da cidade, onde os novos-ricos e os poderosos vivem em vilas delimitadas por *zabor*, os muros que as cercam — foi inicialmente reserva de caça sob Ivan IV, lugar da datcha de Stálin, residência dos burocratas soviéticos durante os anos 1930 e ainda antes residência dos artistas. Nessas áreas, tanto em Paris como em Londres, era possível construir residências nas dimensões desejadas, lugares da sociabilidade mundana, ruas arborizadas, jardins e praças confortáveis, e, sobretudo, obter uma homogeneidade social dos habitantes, excluindo os diferentes. Para o mundo do trabalho, dos escritórios e do comércio, foram deixadas partes da cidade existente e aos pobres foram deixadas as *bad lands*,[1] áreas que havia tempos, por uma série de razões, haviam adquirido uma má reputação: áreas úmidas, pantanosas ou facilmente inundáveis, geologicamente instáveis, próximas a cemitérios, prisões ou hospitais, de qualquer maneira em lugares de internamento; próximas à ferrovia, aos viadutos de estradas ou metrôs, às grandes indústrias, ou bloqueadas por diversas barreiras infraestruturais, barulhentas, «além dos muros» e mal servidas pelo transporte público, no fundo do vale, pouco ensolaradas e a sota-vento, onde no passado eram instaladas as *bidonvilles*, ou, simplesmente, longe do centro da cidade e dos lugares onde os ricos habitavam. Distinção e exclusão são aspectos inseparáveis na construção da cidade moderna.

A partir dos anos 1970, Antuérpia, por exemplo, como muitas cidades europeias, se tornou alvo de intensos fluxos migratórios. Populações de origem marroquino-magrebina primeiro, depois mais genericamente africana, turca, indiana e, por fim, balcânica e europeia oriental, invadiram a cidade e sobretudo uma consistente parte de seu centro oitocentista. Nem todos os estrangeiros são iguais, especialmente na percepção dos habitantes de Antuérpia. A comunidade judaica ligada à produção e à comercialização de diamantes,

---

1_ Mustafa Dikeç, *Badlands of the Republic. Space, Politics, and Urban Policy*. Londres: Blackwell, 2007.

por exemplo, está presente há muito tempo e ainda que esteja pouco a pouco empobrecendo não é mediamente pobre, e também não é pobre o grupo indiano, também ligado ao comércio e à produção de diamantes. Os pobres estão concentrados sobretudo entre os africanos e os europeus do Leste, grupos que os habitantes de Antuérpia, assim como os de Bruxelas, consideram os mais perigosos. Esses são os protagonistas de toda e qualquer retórica da segurança.

A reação dos habitantes de Antuérpia foi aparentemente dupla: uma parte bastante consistente, seguindo um enraizado *flemish dream*, abandonou a cidade, transferindo-se para a imensa cidade difusa da North Western Metropolitan Area, uma vasta região conhecida por uma forte dispersão dos assentamentos e, particularmente, de casas unifamiliares com jardim.

Outra parte da população de Antuérpia reagiu à intensidade dos fluxos imigratórios com uma política de divisão: separando ou, seguindo uma longa tradição que se pode observar também em muitos outros casos, permitindo que entre eles se separassem grupos étnico-religiosos, atividades, estilos de vida idiorrítmicos,[2] uso dos espaços e das

---

2_ Roland Barthes, *Comment vivre ensemble: Cours et seminaires au Collège de France (1976-77).* Texto estabelecido, com notas e apresentação de Claude Coste. Paris: Seuil Imec, 2002 [ed. bras.: *Como viver junto.* Trad. de Leyla Perrone-Moisés. 2. ed. São Paulo: WMF Martins Fontes, 2013].

instalações públicas, reduzindo a parte central de Antuérpia a uma espécie de quebra-cabeça cujas diferentes peças são fortemente marcadas do ponto de vista étnico e social, onde prevalece, como define Amartya Sen, a miniaturização do ser humano na gaiola de uma única e vinculante identidade. «A tendência, no mundo contemporâneo, a privilegiar uma identidade em particular em relação a todas as outras já causou danos, fomentando violências raciais, conflitos intercomunitários, terrorismo religioso, repressão dos imigrados, negação dos direitos humanos fundamentais.»[3] Uma política que, em Antuérpia, encontrou inevitavelmente suas próprias contradições, quando as várias peças do quebra-cabeça social, expandindo-se, acabaram por se tocar e assim desencadearam uma forte competição pelo espaço. A partir desse momento Antuérpia se tornou uma cidade atravessada por um forte e surdo conflito.[4]

Transferência para a cidade difusa, deixando para a população extraeuropeia de recente imigração o centro da cidade ou partes importantes dela, e construção do quebra-cabeça urbano são dois aspectos de uma idêntica política de

---

3_ Amartya Sen, «Il ballo in maschera dell'Occidente». *La Repubblica*, 30 jun. 2006.

4_ Bernardo Secchi; Paola Viganò, *Antwerp: Territory of a New Modernity*. Amsterdã: SUN, 2009.

separação social que se torna separação espacial e que ocorre em escalas diferentes: naquela da região metropolitana, a separação entre ricos e pobres dá lugar a dois diferentes modelos de ocupação do espaço urbano, a dispersão de um lado e a concentração dentro de zonas urbanas específicas do outro; em escala urbana, essa se torna a estigmatização de determinados bairros da cidade. Ambas as políticas possuem uma longa história.

Até as últimas décadas do século XX, os historiadores da cidade não se ocuparam muito das periferias. Obras fundamentais como *Paris/banlieues* são ainda hoje raras.[5] Não afrontaram nem mesmo a questão da dispersão, considerada a consequência nefasta e sem relevância do crescimento urbano, fenômeno este condenado com base em algumas opiniões estereotipadas, em vez de ser analisado. Muito provavelmente o primeiro estudo sério sobre a suburbanização nos Estados Unidos é de 1962, relativo apenas à cidade de Boston;[6] é sobretudo a partir do fim dos anos 1970 que a literatura estadunidense relativa aos subúrbios se expande

---

5_ Annie Fourcaut; Emmanuel Bellanger; Mathieu Flonneau, *Paris/Banlieues: Conflits et solidarités*. Paris: Graphis, 2007.

6_ Sam Bass Warner, *Streetcar Suburbs: The Process of Growth in Boston, 1870-1900*. Cambridge, Mass.: Harvard University Press, 1962.

de maneira impressionante.[7] A Europa possui uma história mais longa e complexa, no entanto aqui também a dispersão se torna objeto de estudos sistemáticos — mas não de caráter histórico — apenas a partir do fim dos anos 1970.

A dispersão se mostra então como fruto da busca por um *welfare* positivo[8] no caso sobretudo das classes médias europeias, uma maneira diferente de representar uma sociedade individualizada. Ainda que diferente do subúrbio norte-americano, do *American dream* tão fortemente criticado,[9] a cidade difusa europeia utiliza muitos de seus materiais e possui algumas de suas qualidades. Muitas regiões europeias são hoje similares às da North Western Metropolitan Area: na Alemanha e na França, no nordeste da Itália e no nordeste da Espanha ou no norte de Portugal.

A dispersão na cidade difusa europeia, como na North Western Metropolitan Area, é porém diferente do *sprawl* do subúrbio americano. Em sua base ideológica, não estão

---

7_ Becky M. Nicolaides; Andrew Wiese, *The Suburb Reader*. Nova York: Routledge, 2006.

8_ Anthony Giddens, *The Third Way: The Renewal of Social Democracy*. Cambridge: Polity Press, 1998 [ed. bras.: *A terceira via: reflexões sobre o impasse político atual e o futuro da social-democracia*. Trad. de Maria Luiza X. de A. Borges. 5. ed. Rio de Janeiro: Record, 2005].

9_ Paola Pellegrini, «Suburban America e la proposta di prossimità», in: P. Pellegrini; Paola Viganò (Orgs.), *Q3: Comment vivre ensemble*. Roma: Officina, 2006.

presentes Jefferson, o pastoralismo, Hawthorne, Thoreau, Emerson e Whitman; não estão Olmsted nem Wright, nem a Federal Housing Association, que pressiona para «dispersar nossas fábricas, nossos negócios, nossa gente; em suma, criar uma revolução nos estilos de vida»;[10] ainda que no fundo tenha «o sonho da casa como forma especificamente americana», quando «pela primeira vez na história uma civilização constrói um ideal utópico baseado na casa, e não na cidade ou na nação».[11]

Do ponto de vista das desigualdades sociais, ademais, os Estados Unidos dos anos pós-Segunda Guerra Mundial são radicalmente diferentes daqueles dos anos 1920.[12] Durante sua longa história, o subúrbio americano sofreu mudanças em suas características fundamentais e em sua extensão; de modo análogo, mudaram tanto os principais atores envolvidos, seja do lado da demanda, seja do lado da produção, como as próprias motivações, e isso resultou em situações bastante diferentes entre si e não limitadas a um único mo-

---

10_ Ibid.

11_ Dolores Hayden, *Redesigning the American Dream: The Future of Housing, Work and Family Life*. Nova York: W. W. Norton & Company, 2002.

12_ Paul Krugman, *The Conscience of a Liberal*. Nova York: W. W. Norton & Company, 2007 [ed. bras.: *A consciência de um liberal*. Trad. de Alexandre de Oliveira Kappaun. Rio de Janeiro: Record, 2010].

delo.[13] De um fenômeno elitista e exclusivo — motivado pela busca de uma maior aproximação com a natureza, para uma utopia burguesa,[14] o fenômeno de massa guiado principalmente pelas idiossincrasias e pelos sistemas de valores típicos das classes médias ou das retóricas comunitárias —, o subúrbio se tornou sobretudo uma instituição dominada pela ideia da distinção: de riqueza, raça e etnia.[15]

Radicadas no moralismo da sociedade americana, sobretudo em sua parcela branca e protestante,[16] essas ideias foram amplamente utilizadas por um vasto grupo de atores envolvidos no desenvolvimento suburbano: de promotores imobiliários a diferentes grupos profissionais, passando pe-

---

13_ Kenneth T. Jackson, *Crabgrass Frontier: The Suburbanization of the United States*. Nova York: Oxford University Press, 1985; D. Hayden, *Building Suburbia: Green Fields and Urban Growth, 1820-2000*. Nova York: Pantheon Books, 2003.

14_ Leo Marx, *The Machine in the Garden: Technology and the Pastoral Ideal in America*. Londres: Oxford University Press, 1964 [ed. bras.: *A vida no campo e a era industrial*. Trad. de Pinheiro de Lemos. São Paulo: Melhoramentos, 1976]; Robert Fishman, *Bourgeois Utopias: The Rise and Fall of Suburbia*. Nova York: Basic Books, 1987.

15_ Pierre Bourdieu, *La Distinction: Critique sociale du jugement*. Paris: Minuit, 1979 [ed. bras.: *A distinção: Crítica social do julgamento*. Porto Alegre: Zouk, 2011].

16_ Gwendolyn Wright, *Moralism and the Model Home. Domestic Architecture and Cultural Conflict in Chicago, 1873-1913*. Chicago/Londres: University of Chicago Press, 1980.

los bancos e por políticos locais. Desde os *enclaves* situados em lugares cuidadosamente selecionados por suas características naturais e topográficas e desenhados pelos arquitetos e paisagistas mais famosos da época, como Clapham, em Surrey, ou os primeiros subúrbios ao longo do Hudson ou Riverside, em Illinois, ou ainda as longas faixas de casas em geral desenhadas por engenheiros das administrações municipais e construídas por pequenos empreendedores ao longo das linhas de transporte público situadas fora da cidade — ocasião frequente para grandes especulações no mercado imobiliário, como Grossdale, na periferia de Chicago —, até as exterminadas extensões de casas unifamiliares com jardim, como Levittown e Forest Hill, no imediato pós-guerra, ou em vários exemplos sucessivos, a cidade parece se dissolver em um território urbanizado sem forma e sem limites. Alguns observadores, no fim do século XX, acreditavam que se podia afirmar que as cidades se tornaram os subúrbios e os subúrbios, as cidades.[17]

O estigma que se abateu sobre a cidade dos pobres, por sua vez, tanto em Antuérpia[18] como em Paris, em Bruxelas e em muitos outros casos,

---

17_ Jackson, op. cit.

18_ Bruno de Meulder; Hilde Heynen, «The Role of Space in Processes of Exclusion and Normalization», in: P. Pellegrini; P. Viganò (Orgs.), op. cit.

foi tão significativo que excedeu ideologicamente qualquer ação cuja tentativa seria neutralizá-la. Confundindo entre eles opiniões expressas em planos diferentes, princípios e êxitos, realizações e ideias de cidade, populações e espaços, processos e procedimentos, eventos locais e estratégias gerais, tudo isso foi misturado, dando lugar a uma visão negativa das coisas,[19]

que é parte substancial da construção e da gestão da cidade moderna, o que a distingue da cidade do *ancien régime*.

Diante dessa situação, as políticas urbanas de Antuérpia buscaram reagir, até agora com sucesso, sobretudo pela implantação de instalações e espaços públicos;[20] realizações que engatilharam processos de recuperação das partes mais pobres da cidade: um pouco de *gentrifica*ção, impulsionada por jovens casais com nível de instrução elevado e renda média alta, os filhos daqueles que haviam abandonado a cidade pelo campo e que achavam a vida na dispersão pouco estimulante; uso das novas instalações e dos novos espaços públicos por parte de toda a população, ricos e pobres juntos; construção das condições de «porosidade» dos tecidos urbanos dentro

19_ Francesco Infussi, «Una città tutta periferia», introdução, in: Id. (Org.), *Dal recinto al territorio. Milano. Esplorazioni nella città pubblica*. Milão: Bruno Mondadori, 2012.

20_ Ariella Masboungi (Org.), *Anvers: Faire aimer la ville*. Paris: Le Moniteur, 2011.

dos quais se possa atuar e se possam estimular processos de «percolação» recíproca dos diferentes grupos sociais.

Se as políticas urbanas de Antuérpia buscaram construir as condições de uma nova «porosidade» dos tecidos urbanos, Paris, a Grande Paris, se tornou cada vez mais, na segunda metade do século XX, uma cidade feita por *enclaves*. Esquecida de ter no próprio centro a cidade das *passages*, a Grande Paris não é uma cidade porosa.[21]

No imaginário parisiense, os ricos vivem no sudoeste, em bairros «tipo Luxembourg», e os pobres a nordeste, em bairros tipo «La Courneuve». Pesquisas recentes mostram uma situação que não contradiz essa imagem, mas a elabora:[22] a Grande Paris parece na verdade um caleidoscópio de *enclaves* que não pode ser reduzido a imagens simples, nem mesmo a imagens de um centro uniformemente rico e de uma periferia na mesma medida uniformemente pobre. Em grande parte, esses *enclaves* são o resultado das políticas de infraestrutura e da política urbanística, delimitadas pelas barreiras intransitáveis de uma autoestrada, de uma linha ferroviária ou de metrô, de um canal, por muros que cercam

---

21_ Bernardo Secchi; Paola Viganò, *La Ville poreuse: Un projet pour le Grand Paris et la métropole de l'aprés-Kyoto*. Genebra: Metis Presses, 2011.

22_ Jean-Christophe François et al., *Les disparités des revenus des ménages franciliens en 1999*. Paris: UMR Géographie-cités/DREIA Île-de-France, 2003.

uma grande zona industrial ou militar, isolada do resto da cidade por grandes espaços verdes, que, em vez de serem espaços para a socialização, desempenham o papel de elementos de separação. Milão, ao contrário, é conhecida por uma «geografia molecular»,[23] com as áreas mais pobres e os edifícios públicos dispersos no território metropolitano.

No passado, muitos desses espaços foram, tanto em Paris como em Milão, lugares intensamente habitados, onde se concentrava uma parcela conspícua da produção industrial da metrópole, aos quais se dirigiam muitos dos movimentos pendulares cotidianos e onde se alojava parte dos trabalhadores. No fim do século XX, disseminaram-se áreas industriais e de infraestruturas abandonadas, tornando-se as partes das metrópoles onde mais se concentram o desemprego e a pobreza. Segundo o relatório anual sobre as ZUS[24] (zonas

---

23_ Elena Granata; Arturo Lanzani, «La Fabbrica delle periferie. Produzione collettiva della scarsità, forme del disaggio, postazioni di innovazione, conflitti latenti. Esplorazioni sul caso milanese». *Animazione Sociale*, n. 8-9, pp. 31-60, 2006; e também A. Lanzani (Org.), *In cammino nel paesaggio*. Roma: Carocci, 2011, pp. 203-48.

24_ Rapport 2010 de l'Observatoire National des Zones Urbaines Sensibles (Onzus), Bibliothèque des rapports publics/La Documentation française. fr: «Com a crise econômica, a taxa de desemprego nas ZUS, que desde 2005 estava em queda, volta a aumentar, atingindo 18,6% em 2009, contra 16,7% em 2008 (nas outras áreas urbanas – naquelas não incluídas nas ZUS –, a taxa de desemprego passou de 7,7% em 2008 para 9,8% em 2009). To-

urbanas sensíveis que cobrem apenas uma parte da área de pobreza das cidades francesas), essas áreas abrigavam 4,4 milhões de pessoas em 2008; 42% dos jovens entre 15 e 24 anos eram desempregados, situação na qual se encontravam também 21% da população, e a renda média das famílias era 36% inferior à renda média francesa.

Quando nos perguntamos sobre o que produziu essas situações, descobrimos que elas são o resultado de diferentes histórias que se cruzaram e se sobrepuseram: a localização das atividades industriais na parte mais acessível e conectada às bacias mineiras e ao resto da Europa a nordeste; o papel dos rios, especialmente do Sena, no transporte de gêneros alimentícios, madeira e materiais de construção; e, reciprocamente, a qualidade da paisagem no sudoeste, no caso parisiense; as sucessivas crises da indústria minerária e têxtil na área de Lille-Roubaix-Tourcoing, que deixaram de herança não só grandes áreas industriais abandonadas, mas bairros inteiros de operários idosos e desempregados e de jovens sem trabalho; a política de urbanização e valorização dos terrenos periféricos implantada inicialmente

---

dos os indicadores utilizados para avaliar a situação dos habitantes das ZUS confirmam a precariedade da condição na qual se encontram. Em 31 de dezembro, o número de inscritos na Caixa Assistência Familiar (CAF), e o número dos que se beneficiavam de uma assitência sanitária complementar (CMUC), era 2,4 vezes maior» (tradução minha).

pelas «coreias»[25] e sucessivamente na «cidade pública», em Milão e em Roma.

Mas são também o resultado da inércia do imaginário coletivo e das políticas urbanas. Grande parte dos «bairros difíceis» parisienses se situam onde, durante o longo período do pós-guerra francês, se encontravam as mais amplas *bidonvilles*, ou seja, em áreas com má reputação, e por isso consideradas *bad lands* que parecia necessário e justificado demolir e reconstruir de novo, segundo os termos da urbanística e da arquitetura moderna. Os mesmos aspectos se encontram na periferia de Milão e Roma.

Os esforços da urbanística parisiense, as maciças intervenções de obras públicas entre o fim dos anos 1950 e os anos 1970, foram direcionados para favorecer a integração e a reabilitação dessas áreas.[26] A arquitetura de muitos desses bairros buscou exprimir o novo que estava em marcha: a presença mais forte das classes populares na sociedade contemporânea, a nova escala da metrópole, os novos atores e os novos processos de produção do espaço. Os *grands ensembles* parisienses, como muitos bairros da cidade pública

---

25_ Danilo Montaldi; Franco Alasia, *Milano, Corea: Inchiesta sugli immigrati*. Milão: Feltrinelli, 1960.

26_ Éric Lengereau, *L'État et l'Architecture. 1958-1981. Une politique publique?* Paris: Picard, 2001.

italiana contemporâneos ou imediatamente sucessivos a eles, buscaram, cheios de boas intenções, interpretar tudo aquilo, mas o fizeram quando o processo de individualização da sociedade europeia e ocidental tornara-se irrefreável. Destinados de fato sobretudo à classe média, atuaram de uma perspectiva de reflexão banalizadora das dimensões do coletivo, sem revisar criticamente as experiências de construção de habitação que foram próprias de algumas «vanguardas» do primeiro período pós-guerra, por exemplo as experiências suecas[27] ou o debate que teve lugar dos anos 1920 até os primeiros anos 1930 na União Soviética, debate muito mais rico do que aquele a que se assistia no Ocidente e que mostra como três questões fundamentais — a emancipação feminina, a educação infantil e o abandono de uma série de preconceitos «pequeno-burgueses» relativos ao desenrolar da vida cotidiana e da moradia — obrigaram a uma contínua redefinição do problema das habitações e, em particular, da dimensão do coletivo.[28] Nas experiências da «cidade pública» do pós-guerra europeu, essa reflexão é com-

---

27_ Fabrizio Paone, «La casa collettiva, Stoccolma 1935. Un tipo di edificio», in: Eleonora Mantese (Org.), *Abitare con: Ricercario per un'idea collettiva dell'abitare*. Treviso: Canova, 2010.

28_ Anatole Kopp, *Ville et Révolution*. Paris: Anthropos, 1967; Katerina Azavora, *L'Appartement communautaire: L'histoire cachée du logement soviétique*. Paris: Sextant, 2007.

pletamente inexistente, e tal ausência penalizou sobretudo a qualidade da vida dos mais pobres, que eram em grande parte excluídos da própria cidade pública.

Obcecada por aquela que tempos atrás propus indicar com os termos de «teoria quantitativa da produção e do mercado edilício»,[29] pela ideia de que a «questão habitacional» pudesse ser solucionada apenas pela produção de novas moradias, qualquer que fosse o andamento das principais variantes demográficas, do nível e da variabilidade do índice de lotação, da degradação física e dos preços dos edifícios existentes, desconsiderando as transformações de uma sociedade que, graças ao crescimento da classe média de um lado e dos fluxos migratórios de outro, era afetada pelas práticas e idiorritmos cada vez mais distantes entre eles, nos quais eram representadas tanto a desigualdade como a diferença, a cidade da segunda metade do século XX, mediante políticas de moradia e dos espaços públicos, foi incapaz de propor uma nova e adequada versão das dimensões do coletivo.

A distância entre os modos e os projetos por meio dos quais, nos períodos precedentes da história urbana europeia, os grupos hegemônicos conseguiram representar na cidade e no espaço público o próprio sistema de valores, uma estética

---

29_ Bernardo Secchi, «Le due anime della politica edilizia italiana», in Id., *Il racconto urbanistico*, op. cit., cap. 4, pp. 135-70.

própria e uma ideia de ordem social própria, e o que aconteceu, por sua vez, no mesmo campo, nas últimas décadas do século xx é enorme. Não obstante as boas intenções e as aparências, na cidade da segunda metade do século passado, em seus edifícios e espaços públicos, não se exprimem os valores de uma sociedade mais democrática, de uma política atenta à integração dos diferentes grupos sociais, à percolação de um grupo no outro, à representação de suas diferentes culturas e práticas do espaço. Em muitos projetos da cidade pública prevalece até mesmo uma atitude «pedagógica», como se se tratasse de ensinar aos habitantes estilos de vida mais adequados a um status que não era próprio deles. As promessas da modernidade pareceram obsoletas e totalmente inadequadas para muitos. A revolta das *banlieues* parisienses de 2005, como nos mostrou, entre outros, Ulrich Beck,[30]

> mostra a história de uma geração de jovens aos quais foram prometidas integração e reabilitação, que se deram conta de ter sido reprimidos em um mundo cujos confins eram muito mais elevados. Uma geração que um dia decide levantar a voz. É em primeiro lugar uma guerra contra o silêncio.[31]

---

30_ Ulrich Beck, *Risikogesellschaft: Auf dem Weg in eine andere Moderne.* Frankfurt AM: Suhrkamp, 1986 [ed. bras.: *Sociedade de risco: rumo a uma outra modernidade.* Trad. de Sebastião Nascimento. 2. ed. São Paulo: Ed. 34, 2016].

31_ E. Granata; A. Lanzani, op. cit.

Mas isso não acontece sempre e em todo lugar: outras situações — por exemplo em Milão, onde segregação, desconforto social difuso, crescente etnicização das companhias sociais e formas radicais de criminalidade são aspectos análogos àqueles parisienses — são tidas, por sua vez, pelo menos até o presente momento, como um conflito de baixa tensão.

# UM MUNDO MELHOR É POSSÍVEL

Obviamente, é muito difícil dizer qual parte da desigualdade entre os níveis de bem-estar nos diversos países europeus e entre eles e os Estados Unidos,[1] que continuam a ser o país onde as desigualdades sociais são as mais marcadas,[2] deve ser atribuída a esses comportamentos, e não às políticas fiscais ou aos gastos públicos, ou até mesmo às políticas relativas aos direitos de cidadania nas quais as políticas urbanísticas com frequência se encontram submersas. O furor crítico das últimas décadas do século XX a respeito dos programas de edilícia pública, dos planos e dos projetos urbanísticos, da construção do *welfare* por meio de casas, equipamentos coletivos, espaços verdes e infraestruturas,[3] fez com que provavelmente se subestimasse a contribuição

---

1_ Alberto Alesina; Edward L. Glaeser, *Fighting Poverty in the US and Europe: A World of Difference*. Oxford/Nova York: Oxford University Press, 2004.

2_ Maurizio Franzini, *Ricchi e Poveri: L'Italia e le disuguaglianze (in)accettabili*. Milão: Università Bocconi, 2010.

3_ Bernardo Secchi, *La città del ventesimo secolo*. Roma/Bari: Laterza, 2005 [ed. bras.: *A cidade do século vinte*. Trad. de Marisa Barda. São Paulo: Perspectiva, 2015].

das políticas urbanísticas europeias em relação a essa questão. Se a desigualdade nos países europeus é menor do que a dos Estados Unidos ou de outros países, se do fim do século XIX até o fim dos «trinta gloriosos» (ou seja, dos trinta anos de contínuo crescimento que se seguiram à Segunda Guerra Mundial) ela diminuiu de maneira visível, isso se deve, também e apesar de tudo, ainda que não apenas, às políticas urbanísticas e à sua contínua busca de uma dimensão concreta do *welfare*. Durante boa parte do século XX, a urbanística europeia foi muito mais «escandinava» do que os governos e as políticas dos diferentes países e, em uma sociedade interpretada como sociedade de massa, buscou reduzir as desigualdades sociais mediante a provisão dos serviços sociais básicos — escolas, creches, espaços verdes e casas — para todos indistintamente; procurando fixar concretamente, de maneira igualitária, talvez excessivamente burocrática, uma quantidade-padrão desses serviços à disposição de cada indivíduo, grupo, bairro e zona da cidade.

Mas, com a emergência numérica e política das classes médias, uma política da distinção, no sentido que Pierre Bourdieu[4] dava a esse termo, transformou-se, nas últimas décadas do século XX, em uma parte fundamental e inilu-

---

4_ Pierre Bourdieu, *La Distinction: Critique sociale du jugement*. Paris: Minuit, 1979 [ed. bras.: *A distinção: Crítica social do julgamento*. Porto Alegre: Zouk, 2011].

dível dos mecanismos de funcionamento da sociedade contemporânea, hoje muitas vezes camuflada por outra retórica, a da diferença: das diferenças étnicas, religiosas, linguísticas, culturais, de idade, gênero e profissão, de comportamentos demográficos, de práticas alimentares e de uso do espaço. À homogeneidade social da cidade dos ricos veio se contrapor recentemente a manifesta e substancial diversidade da cidade dos pobres, habitada por uma população profundamente diferente por origem, cultura, práticas religiosas e níveis de instrução. Em uma época de intensos deslocamentos de população em escala planetária, o mundo e a cidade se mostraram, assim, habitados por sujeitos irredutivelmente diferentes; e as desigualdades demonstraram ser também o fruto de persistentes conflitos entre os diversos.[5]

Não obstante os esforços para trazer à luz o caráter multidimensional da desigualdade social, é necessário, porém, ter em mente que desigualdade e diferenças, como igualdade e homogeneidade, são termos que se referem a níveis de realidade diversos, e apesar disso interagem um com o outro como por ressonância. É provavelmente verdade, no entanto, que, para compreender a desigualdade e os modos

---

5_ Luc Bronner, *La Loi du Ghetto: Enquête dans les banlieues françaises.* Paris: Calmann-Lévy, 2010.

de combatê-la, é preciso também passar pelo estudo do papel desempenhado pela diferença.

Nos anos 1970, no Collège de France, foram realizadas três séries de cursos promovidas por Michel Foucault absolutamente fundamentais para a história da cultura europeia e ocidental.

A primeira série é constituída pelos cursos iniciados nos anos 1970 pelo próprio Foucault, grande parte deles já publicados: uma longa reflexão sobre a formação da sociedade ocidental entendida do ponto de vista das estruturas do poder; a tentativa talvez mais clara e completa de elucidar os traços distintivos da sociedade moderna, entre Renascimento e início do século xx, e da contemporânea. As hipóteses de Foucault foram aceitas com muitas ressalvas, mas apesar disso constituem uma das poucas tentativas de compreender o significado da história do mundo ocidental em períodos extensos.

A segunda série é formada pelos cursos desejados por Michel Foucault e ministrados por Roland Barthes. Iniciados em 1976 — enquanto Foucault dava outro curso, sobre «segurança, território, população»[6] — e intitulados

---

6_ Michel Foucault, *Sécurité, territoire, population: Cours au Collège de France* [1977-78]. Paris: Seuil/Gallimard, 2004 [ed. bras.: *Segurança, território, população*. Trad. de Eduardo Brandão. São Paulo: Martins Fontes, 2008].

*Comment vivre ensemble*,[7] eles prosseguiram até a morte de Barthes, em 1980.

A terceira série, por fim, também iniciada em 1976 e mais uma vez pela iniciativa de Michel Foucault, aparentemente distante das duas primeiras, é constituída por cursos agora publicados com o título *Leçons de musique* [Aulas de música],[8] cursos que, para além das próprias intenções, esclarecem, para quem se ocupa de problemas urbanos e territoriais, muitas das profundas razões das caraterísticas espaciais específicas da cidade contemporânea e da crise da cidade moderna, do fim da figura da continuidade que por séculos havia plasmado sua construção e transformação, e da sua progressiva dissolução em fragmentos referidos a gramáticas e sintaxes compositivas específicas.[9] Com alguns anos de antecedência, assistia-se na Itália a uma importante reflexão sobre a crise da organização produtiva do mundo ocidental na última fase da modernidade e relativa, no que

---

7_ Roland Barthes, *Comment vivre ensemble: Cours et seminaires au Collège de France (1976-1977)*. Texto estabelecido, com notas e apresentação de Claude Coste. Paris: Seuil Imec, 2002 [ed. bras.: *Como viver junto*. Trad. de Leyla Perrone-Moisés. 2. ed. São Paulo: WMF Martins Fontes, 2013].

8_ Pierre Boulez, *Leçons de musique*. Paris: Christian Bourgois, 2005.

9_ Bernardo Secchi, *Prima lezione di urbanistica*. Roma/Bari: Laterza, 2000 [ed. bras.: *Primeira lição de urbanismo*. Trad. de Marisa Barda e Pedro M. R. Sales. São Paulo: Perspectiva, 2015].

diz respeito à arquitetura e à urbanística, ao que se apresentava como a «crise» do programa e da arquitetura do Movimento Moderno, ou, de modo geral, do «moderno».[10]

O curso de Roland Barthes, a partir de exemplos muito diferentes entre si e diversamente colocados no tempo e no espaço, buscava evidenciar como os diferentes sujeitos sociais eram induzidos, dentro dos comportamentos escolhidos e impostos por eles mesmos, a utilizar o espaço urbano e o território com «idiorritmos» próprios, com temporalidades e modos de uso do espaço próprios e específicos.

A cidade sempre foi uma máquina reguladora de idiorritmos: por meio de dispositivos físicos e espaciais, jurídicos e institucionais, transformando constantemente os diversos idiorritmos em articuladas, e com frequência bastante complexas, relações espaciais, econômicas e sociais. O que muda ao longo da história da cidade é o sentido e o papel regulador de cada um dos dispositivos, e foi também graças a essas ações reguladoras que a cidade ao longo do tempo foi tanto máquina de integração como de exclusão social.

A organização espacial da grande cidade industrial moderna, por exemplo, se torna representação plástica, em uma

---

10_ Manfredo Tafuri, *Teorie e storia dell'architettura* [1968]. 4. ed. Roma/Bari: Laterza, 1976 [ed. port: *Teorias e história da arquitectura*. Lisboa: Presença, 1979].

sociedade sempre mais desindividualizada, de uma divisão do trabalho que a partir do século XVIII parece estar ligada ao crescimento econômico, ao progresso tecnológico e ao melhoramento das condições materiais da população que nela vive. Na área de Lille-Roubaix-Tourcoing, por exemplo, uma das maiores áreas industriais francesas no início do século XX, a divisão, a articulação e a hierarquização do trabalho da fábrica se reproduzem na localização, na articulação e na hierarquização das tipologias de edifícios destinados aos *patrons*, aos técnicos, aos encarregados e aos operários.[11]

Porém Lille é apenas um exemplo entre tantos outros. Esclarecer, definir, separar e afastar, conectar e sincronizar — por um sistema racional de regras de utilização dos solos e um sistema igualmente racional de infra-estruturas — lugares e ritmos da vida metropolitana pare-

---

11_ «Moulins, bairro de Lille. Há um século e meio, havia o estampido dos carros, circulavam veículos a cavalo, ouvia-se o murmúrio dos trabalhadores: tempos operosos, até mesmo gloriosos, em que a riqueza da cidade foi construída. Mas esse desenvolvimento traduziu-se em milhões de metros cúbicos de argila: altas chaminés, grandes fábricas, galpões robustos. E como o trabalho chegou à densificação do habitat, regido por códigos arquitetônicos que refletem a organização das classes sociais: amplas fachadas para o burguês, com cômodos distribuídos à direita e à esquerda da entrada; uma fachada simples para o administrador, como plantas regulares e comprido corredor lateral; casa de um só andar para o chefe de obras; pequeno pátio para o povo trabalhador.» Jean-Louis Lafon, *Café Quinquin, Incendie criminel à Lille-Moulins*. Lille: Ravet-Anceau, 2011 (tradução minha).

ce ser, durante toda a primeira metade do século xx e até o fim dos anos 1960, o modo para dominar a angústia que acompanha o crescimento metropolitano. Pode-se observar a herança dessa época tanto em Lille como em Detroit[12] ou Youngstown,[13] e em muitas outras cidades industriais nos dois lados do Atlântico.

Dando grande relevância à geografia e à historia dos diferentes ideorritmos, o curso de Roland Barthes chamava a atenção para as práticas comuns do cotidiano; uma atenção não inédita, que tinha raízes em reflexões anteriores,[14] mas que, a partir dos primeiros anos da década de 1980 — os anos do «desencantamento» da geração de 1968 —,[15] faz com que muitas pesquisas voltem a indagar com insistência o cotidiano, o comum e o específico. Uma volta que pareceu, pelo menos no início, profundamente marcada pela recuperação do sentido comum, de um sentir e falar comum, que se distanciava dos léxicos, das gramáticas e das típicas sintaxes

---

12_ Thomas J. Sugrue, *The Origins of the Urban Crisis: Race and Inequality in Postwar Detroit*. Princeton: Princeton University Press, 1996.

13_ Alessandro Coppola, *Apocalypse town: Cronache della fine della civiltà urbana*. Roma/Bari: Laterza, 2012.

14_ Bernardo Secchi, *Prima lezione di urbanistica*, op. cit., e *La città del ventesimo secolo*, op. cit.

15_ Jacques Donzelot, *L'invention du social: Essai sur le déclin des passions politiques*. Paris: Seuil, 1984.

do saber institucionalizado. Talvez fosse um dos tantos movimentos cíclicos que marcam a história da cultura ocidental.[16]

Foram anos importantes. O estudo do cotidiano parecia revelar alguns paradoxos do *welfare state*, incutindo a suspeita de que as políticas direcionadas a uma distribuição o mais igualitária possível do bem-estar acabassem reprimindo inutilmente as diferenças entre os indivíduos, os grupos sociais e os próprios estilos de vida, enrijecendo a economia e a sociedade dentro de regras criadas a partir de interpretações obsoletas de uma e da outra, e consequentemente com a não aceitação e a negação de um espaço à inovação que nasce da participação de um indivíduo sozinho ou de grupos na construção e no uso da cidade; suspeita de que acabasse, enfim, por construir burocracias enormes e caras que racionavam os recursos que no início se pensava em distribuir.

Tudo isso tornou muito mais difícil a tarefa da urbanística e do projeto de cidade. Mostrou como a solução dos problemas da cidade contemporânea deve necessariamente se confrontar com a história e a articulação da mentalidade e dos imaginários urbanos, terrenos em que a diferença e os modos pelos quais ela pode ser ao mesmo tempo acolhedora

---

16_ Albert O. Hirschman, *Shifting Involvements: Private Interest and Public Action*. Princeton: Princeton University Press, 1982 [ed. bras.: *De consumidor a cidadão: atividade privada e participação na vida pública*. Trad. de Marcelo M. Levy. São Paulo: Brasiliense, 1983].

e geradora de desconfiança e conflito desempenham um papel crucial. Mostrou também, com estudiosos de diferentes espectros, como Henri Lefebvre, Karel Kosik, Agnes Heller e Philippe Ariès,[17] as razões e os riscos de um fechamento progressivo dentro do «privado», dentro da intimidade e da familiaridade do cotidiano, do «cuidado de si». Pôs em discussão métodos e estatutos científicos da urbanística moderna ocidental pela maneira como eles vinham se configurando ao longo de toda a primeira metade do século XX.

---

17_ Henri Lefebvre, *Critique de la vie quotidienne*. Paris: Grasset, 1947; Karel Kosic, *Moral und Gesellschaft* [1968]. Frankfurt AM: Suhrkhamp, 1970; Agnes Heller, *A mindennapi élet*. Budapeste: Akadémiai Kiadó, 1970; Philippe Ariès, «The Family and the City». *Daedulus*, n. 106, 2, 1977, agora em *Essais de mémoire, 1943-1983*. Paris: Seuil, 1983.

# A TRADIÇÃO EUROPEIA

As duas últimas décadas do século XX impuseram uma profunda reflexão sobre a tradição da urbanística ocidental dentro de suas mais diferentes declinações e sobre suas mudanças, ao menos no século passado. Um dos temas trazidos à luz a partir dessa reflexão se refere precisamente à contínua busca, pela urbanística europeia durante todo o século XX, antes e depois dos anos do Movimento Moderno, de uma multiplicidade de dispositivos espaciais, jurídicos e institucionais finalizados, assim como às políticas econômicas redistributivas, à integração social, direcionada a uma constante busca do *comment vivre ensemble*, à continua observação do cotidiano. Um modo de representar no espaço os ideais democráticos da sociedade europeia.

A partir das últimas décadas do século XX, apesar da *progressive era* e salvo o breve período da *great society* nos anos 1960, a Europa, ainda que com suas diferenças internas, distinguiu-se sempre dos Estados Unidos nesse aspecto.[1]

---

1_ Alberto Alesina; Edward L. Glaeser, *Fighting Poverty in the US and Europe: A World of Difference*. Oxford/Nova York: Oxford University Press, 2004.

América do Norte e América Latina seguiram, durante todo o século xx e sobretudo na segunda metade, um percurso diferente do europeu, que levou em muitos casos — como enfatizou em 1968 o relatório Kerner,[2] comissionado pelo presidente Lyndon B. Johnson —, tanto no subúrbio norte-americano quanto nas *gated communities* da América do Norte e do Sul, a uma busca da separação, da exclusão e da alienação social mais do que à integração; uma abordagem que no entanto, como mostram emblematicamente os casos de Antuérpia, Bruxelas e Paris, não é totalmente ausente na Europa.

Como mostram Alesia e Glaeser,

> a Europa até o fim dos anos 1960 foi um continente cheio de países, a partir de um ponto de vista étnico e racial, mais homogêneo que os Estados Unidos. Em muitos casos, a homogeneidade foi resultado de um esforço combinado e muitas vezes sangrento, por parte dos governos centrais, de construir uma identidade nacional. Por causa dessa homogeneidade, os adversários do Estado social não conseguiram demonizar os pobres como membros de uma odiada minoria qualquer;

---

2_ Report of the National Advisory Commission on Civil Disorder, us Riot Commission, Report of the National Advisory Commission on Civil Disorders. Washington, DC: us Government Printing Office, 1968. Disponível em: <www.eisenhowerfoundation.org./docs/kerner.pdf>. Acesso em: mar. 2016.

as minorias demonizadas são outras. A homogeneidade, por isso, facilitou e fez com que a redistribuição fosse mais natural, garantindo à Europa um longo período — desde o fim do século XIX até depois da metade do século XX — de desigualdade decrescente.

> Os Estados Unidos, pelo contrário, são uma sociedade muito heterogênea, caracterizada em particular por uma representação exagerada internamente das classes pobres, das minorias mais visíveis e socialmente mais distintas. Os adversários do Estado social sempre tiveram abertura nos Estados Unidos para desfrutar das divisões étnicas e raciais e atacar a redistribuição.[3]

A atenção dos urbanistas europeus voltada para o dia a dia tinha sua história. Apoiada em uma longa tradição de organizações de caridade[4] e em políticas urbanas municipalistas, entre a crise urbana da metade do século XIX e a do fim do século, entre a questão das moradias e a *Großtadt question*, a urbanística do fim do século XIX e das primeiras décadas do século XX havia providenciado a construção de casas a baixo preço e concebido escolas como *atelier d'égalité*, enquanto a

---

3_ Alesina; Glaeser, op. cit.

4_ Gareth Stedman Jones, *Outcast London: A Study in the Relationship between Classes in Victorian Society*. Londres: Penguin Books, 1971; Jean-Louis Goglin, *Les misérables dans l'Occident médiéval*. Paris: Seuil, 1976 (principalmente cap. 2, «Société et assistance principalement en France»).

sociedade se desindividualizava progressivamente e a cidade se tornava metrópole.[5]

No período entreguerras, ainda que se percebessem as sementes de um movimento oposto,[6] a sociedade mostrou-se completamente desindividualizada, como uma massa em que se reconhecem dois blocos compactos: a burguesia e a classe operária. As classes médias ainda eram demasiado subalternas para construir um sujeito político autônomo. Os projetos de partes de cidade eram *projets pour le plus grand nombre*, e a reflexão da urbanística, nos anos dominados pelo taylorismo, se concentra em um impulso de racionalização do cotidiano. É só depois da Segunda Guerra Mundial e, particularmente, a partir do fim dos «trinta gloriosos» que a irredutível autonomia do sujeito, ou seja, a individualização da sociedade, parece ser o problema fundamental, que necessita de uma resposta concreta. A atenção ao cotidiano é sua busca.

Se observados desse ponto de vista, alguns dos dispositivos jurídicos, institucionais e procedurais, além de espaciais,

---

5_ Pierre Rosanvallon, *La Société des égaux*. Paris: Seuil, 2011, pp. 14-20.

6_ Norbert Elias, *Die Gesellschaft der Individuen* [1939]. Frankfurt: Suhrkamp, 1987 [ed. bras.: *A sociedade dos indivíduos*. Trad. de Vera Ribeiro. Rio de Janeiro: Zahar, 2011].

propostos pelos arquitetos e pelos urbanistas europeus do século XX parecem muito mais sofisticados do que a sucessiva prática banalizada possa ter feito parecer; apresentam-se como a tentativa de fazer com que as condições materiais nas quais ricos e pobres escolhem — são induzidos e obrigados a — viver sejam, entre elas, menos distantes do que as respectivas rendas ou patrimônios. O zoneamento, por exemplo o fato de definir as relações entre o caráter e as dimensões de cada uma das zonas urbanas e a quantidade e o caráter dos equipamentos públicos, o estabelecimento de parâmetros que liguem entre eles os diferentes «materiais» dos quais a cidade é feita — casas, escolas, creches, hospitais e espaços verdes —, a longa reflexão sobre o trânsito e as infraestruturas da mobilidade pertencem a essa busca de serviços sociais básicos válidos para todos, indiferentemente. O valor dessa busca só pode ser apreciado quando ela é cotejada com outras experiências, pertencentes a outras e diferentes tradições.

Na base da reflexão dos urbanistas e, em uma perspectiva mais geral, das reflexões sobre as crises da modernidade, que com insistência atravessaram as últimas décadas do século XX e são visíveis por uma, agora, vasta literatura, estavam as mudanças ocorridas nos comportamentos individuais e coletivos, na sociedade, na economia e nas instituições ocidentais; havia uma espécie de perplexidade em relação à própria ideia e às próprias imagens de progresso e de futuro que tinham atravessado o mundo ocidental durante toda a modernidade[7] e sobretudo nos anos seguintes à Segunda Guerra Mundial. Tudo isso parecia ser evidenciado pelos fortes conflitos sociais do fim dos anos 1960.

Sob a pressão das imagens suscitadas pela entrada na Europa de significativos contingentes de populações extra-europeias, a homogeneidade étnica, que caracterizava os diversos países e as maiores áreas urbanas europeias, parecia entrar em um processo de dissolução, e a tradição da urbanística europeia começou a vacilar, a ser menos segura de si e a dar ao projeto da cidade orientações cada vez menos claras e eficazes, mostrando-se aberta às sugestões provenientes de outras tradições, por exemplo da norte-americana. Entre os pobres, as minorias étnicas de imigração recente são cada vez mais representadas, e isso, como mostra as experiências do outro lado do Atlântico, fez com que as populações europeias passassem a não mais apoiar como no passado as políticas de redistribuição, incluindo as políticas urbanas típicas do *welfare state*. Um comportamento que pode ser reforçado pela difusão do medo e do papel que, nessa difusão, o estrangeiro sempre desempenha. Como afirma Bauman,

---

7_ Christopher Lasch, *The True and Only Heaven: Progress and its Critics*. Nova York: W. W. Norton & Company, 1991.

«durante esses anos, a forte propensão ao medo e a maníaca obsessão pela segurança tiveram uma carreira espetacular».[8]

Uma tradição consolidada de estudos associa, talvez não de maneira completamente correta, o nascimento da urbanística moderna às condições da cidade industrial nos dois lados do Atlântico. Ainda que a urbanística tenha raízes mais distantes no tempo e mais extensas no espaço do que os saberes,[9] a penúria das habitações e das condições higiênicas das grandes cidades industriais desempenhou, no século XIX, um papel análogo às carestias nos dois séculos precedentes. Unida ao temor da instabilidade social e política que derivava dela, a carestia havia desencadeado importantes reflexões que contribuíram para a passagem de uma concepção mercantilista do sistema econômico a uma concepção fisiocrática.[10] De maneira análoga operaram as condições de vida nas grandes cidades do século XIX, condições que persistiam ainda nas primeiras décadas do século XX, depois da Primeira Guerra Mundial e no período da grande depressão dos anos

---

8_ Zygmunt Bauman, *City of Fears, City of Hopes*. Londres: Goldsmith College, University of London, 2003.

9_ Bernardo Secchi, *Prima lezione di urbanistica*. Roma/Bari: Laterza, 2000.

10_ Michel Foucault, *Sécurité, territoire, population: Cours au Collège de France* [1977-78]. Paris: Seuil/Gallimard, 2004 [ed. bras.: *Segurança, território, população*. Trad. de Eduardo Brandão. São Paulo: Martins Fontes, 2008], em particular a aula de 11 de janeiro de 1978.

1930, assim como foram documentadas, por exemplo, primeiro pelas fotos de Jacob Riis[11] e depois pelas de Dorothea Lange.[12] Nos anos da grande depressão, um terço da população estadunidense, de acordo com as palavras de Franklin Delano Roosevelt — que, dada a falta de dados estatísticos de confiança, provavelmente tentava adivinhar —,[13] vivia em condições de pobreza, e mais de 40% viviam em alojamentos abaixo do padrão.

Como se sabe, as pesquisas feitas na Europa e nos Estados Unidos sobre as condições habitacionais da classe trabalhadora e, de modo geral, dos «pobres» construíram um terreno no qual as instâncias dos partidos socialistas europeus e dos movimentos análogos americanos, como o *People's party*, eram de fato, embora com dificuldade, escutadas, modificando o comportamento dos governos centrais e locais. Na realidade, a história europeia das políticas urbanas que se confrontam com a pobreza tem raízes em um período

---

11_ Jacob A. Riis, *How the Other Half Lives*. Nova York: Charles Scribner's Sons, 1890; Toronto: Dover, 1971.

12_ Dorothea Lange; Paul Taylor, An American Exodus: A Record of Human Erosion. Nova York: Reynal & Hitchcock, 1939.

13_ Paul Krugman, *The Conscience of a Liberal*. Nova York: W. W. Norton & Company, 2007 [ed. bras.: *A consciência de um liberal*. Trad. de Alexandre de Oliveira Kappaun. Rio de Janeiro: Record, 2010].

precedente, ao menos a partir do século XVIII.[14] Tudo isso levou, em todos os países europeus e nos Estados Unidos, a uma reflexão que induziu a uma mudança gradual do centro temático da teoria e da política da cidade, assim como da política econômica e social.

---

14_ Andrea Cavalletti, *La città biopolitica: Mitologie della sicurezza.* Milão: Bruno Mondadori, 2005.

# DESIGUALDADE SOCIAL, QUESTÃO URBANA E CRISE

O mundo ocidental passou por diversas crises. Algumas, de grande relevância, tiveram várias dimensões. Foram ao mesmo tempo crises econômicas e financeiras, institucionais, políticas, sociais e culturais, e impuseram uma reflexão sobre todos esses aspectos, além da busca por soluções radicais para os distúrbios ou para os problemas que surgiam em cada um desses âmbitos. Algumas, talvez as de maior importância e de maior duração, coincidiram de maneira não surpreendente com a emergência de uma questão urbana fundamental. E todas as vezes o mundo emergiu com uma nova face, assim como a cidade: em sua estrutura espacial, em seu papel e em seu modo de funcionar, em sua imagem.

A cidade moderna, por exemplo, que se consolida entre a «questão da moradia» e a metrópole baudelairiana, é diferente da cidade do *ancien régime*, que a precedeu, em parte filha da «polêmica sobre o luxo». Não apenas em cada uma delas se representa como em um ícone uma diferente ordem social, mas cada uma é um suporte indispensável para seu manifestar-se. De maneira análoga, a metrópole do início do século XX, a cidade vertical cujo ícone é Nova York, é diferente do ícone do século XIX, da Paris haussmanniana, da Londres vitoriana, da Viena *fin de siècle*, cidades que preservam ainda muitas partes, assim como a cidade do século XIX preservara elementos da cidade do *ancien régime*. A metrópole dos primórdios do século XX acrescenta as periferias à cidade do século XIX, assim como a cidade do século XX acrescenta a dispersão da «cidade difusa» às periferias.[1]

Invariavelmente crises e questões urbanas trouxeram à luz novos temas, novos conflitos e novos sujeitos, novos sistemas de alianças, de compatibilidade e incompatibilidade, nos quais é possível reconhecer novas e diferentes ideias de igualdade e desigualdade, assim como os dispositivos espaciais coerentes com elas.[2] A crise dos primeiros anos do século XX — uma crise lentamente amadurecida em três décadas de desigualdades crescentes e provavelmente fadadas a durar e a incidir sobre a economia e a sociedade ocidental por mais tempo do que se queria acreditar — coincide, assim como outras no passado, com a emergência de uma importante questão urbana, de característica multidimensional; característica que é difícil não reconhecer. No centro das diferentes dimensões dessa crise estão as desigualdades: a ganância dos

---

1_ Francesco Indovina, *La città diffusa*. Veneza: Dipartimento di Analisi Economica e Sociale del Territorio/Istituto Universitario di Architettura, 1990.

2_ Pierre Rosanvallon, *La Société des égaux*. Paris: Seuil, 2011.

ricos,[3] o progressivo desmantelamento do *welfare state* e a degradação da qualidade de vida dos grupos sociais mais pobres. As desigualdades sociais talvez não sejam o resultado, mas sim uma causa não secundária da crise. Os velhos e os novos ricos, trancados em seus recintos protegidos, por mais que consumam, nunca serão capazes de fazê-lo de modo que produza uma demanda que garanta o crescimento da economia de todos os países do planeta. Nenhuma economia cresceu simplesmente graças à produção de bens de luxo, e ao mesmo tempo o progresso tecnológico permitirá que o aumento da produção seja acompanhado da diminuição da força de trabalho.

No início dos anos 1970, começou em escala planetária uma nova fase de acumulação que exige, ainda mais do que nas épocas precedentes, a formação de vastos mercados. O produto interno bruto do planeta sobe, mas o crescimento já não é distribuído segundo a geografia tradicional, que privilegiava as áreas da antiga industrialização e do desenvolvimento. Estamos assistindo a uma extraordinária redistribuição espacial da produção e da formação da riqueza, que

---

3_ Joseph E. Stiglitz, *Freefall: America, Free Markets, and the Sinking of the World Economy*. Nova York: W. W. Norton & Company, 2010 [ed. bras.: *O mundo em queda livre: os Estados Unidos, o mercado livre e o naufrágio da economia mundial*. Trad. de José Viegas Filho. São Paulo: Companhia das Letras, 2010].

é acompanhada de uma também extraordinária redistribuição da população entre as várias partes do planeta, entre os vários Estados e nos próprios países. Graças a essa redistribuição, alguns países conseguem emergir e alcançar níveis de bem-estar mais elevados; outros, os de desenvolvimento antigo, onde o *welfare state* foi originalmente inventado e experimentado, sofrem as consequências do desemprego, das dificuldades crescentes de acesso ao mundo do trabalho para as gerações mais jovens e da crescente pobreza.

A urbanização violenta na América Latina, no Japão, na China, na Índia e em diversos países africanos — uma urbanização que estranhamente não gera agora as angústias produzidas no fim do século XIX e no início do século XX nos países europeus e norte-americanos[4] — é um dos modos pelos quais são construídos os vastos mercados espacialmente concentrados, homologados e globais. Raramente se quer aceitar e entender que as novas formas de ocupação do território, nas diferentes partes do planeta, marcam um rompimento definitivo com as formas de organização política, econômica e social do passado. Raras vezes se aceita que as políticas urbanas e do território são sempre partes inelutá-

---

4_ Bernardo Secchi, *La città del ventesimo secolo*. Roma/Bari: Laterza, 2005 [ed. bras.: *A cidade do século vinte*. Trad. de Marisa Barda. São Paulo: Perspectiva, 2015].

veis de visões e ações «biopolíticas» mais amplas; que a cidade, que sempre foi imaginada como o espaço da integração social e cultural por excelência, se tornou, nas últimas décadas do século XX, máquina potente de suspensão de direitos individuais e da coletividade. Essa política, como todas as políticas, exigiu uma ideologia e uma retórica: a ideologia do mercado e a retórica da segurança. Elas dominaram as últimas décadas do século passado e tiveram de se apresentar também em uma coerente política espacial, em um grupo de dispositivos físicos que tornasse concretamente visível, em diferentes escalas, a separação; fazendo com que ela seja vista, assim como se via a separação entre a fábrica e o bairro operário e entre os escritórios e os bairros elegantes.

Em junho de 1937, o National Resources Committee apresentou ao presidente Franklin Delano Roosevelt um relatório intitulado *Our Citie: Their Role in the National Economy*,[5] que constitui o primeiro estudo em ampla escala da condição e dos problemas da cidade nos Estados Unidos. Como seu correferente, havia outro relatório, apresentado em 1909 ao presidente Theodore Roosevelt pelo mesmo National Resources Committee e relativo às condições de vida no mundo rural. Havia também a convicção difusa de que o

---

5_  National Resources Committee, *Our Cities: Their Role in the National Economy*. Washington: US Government Printing Office, 1937.

ruralismo estivesse na base da democracia americana: nas palavras de Frank Lloyd Wright, «o ruralismo, ao contrário do urbanismo, é americano e realmente democrático».[6]

No capítulo do relatório de 1937 dedicado aos problemas emergentes na economia nacional, então ainda em fase de profunda recessão, as fortes desigualdades de renda e de riqueza nas áreas urbanas eram colocadas em primeiro lugar. Essa reflexão levou o Committee a considerar a cidade, onde nessa época vivia metade da população estadunidense, como fonte fundamental para a recuperação econômica, ainda que fosse apenas pela grande quantidade de capital humano que nela se encontrava, distribuído em um amplo espectro de competências, e a propor consequentemente um grande plano de intervenções públicas, de recuperação dos bairros mais pobres, de construção de moradias.

De maneira similar e pelas mesmas razões, a cidade e as grandes áreas urbanas são ainda hoje uma fonte: uma fonte reciclável e renovável,[7] que mereceria maior atenção das políticas nacionais e supranacionais. Seria importante tomar consciência da necessidade, quando se quer evitar longos

---

6_ Frank Lloyd Wright, «Modern Architecture (The Princeton Lectures)» [1930], in: Id., *The Future of Architecture*. Nova York: The American Library, 1963.

7_ Paola Viganò, «Riciclare città», in: Pippo Ciorra; Sara Marini (Orgs.), *Re-cycle*. Milão: Mondadori/Electa, pp. 102-19.

períodos de recessão, que a redistribuição da população e da produção implicam também uma importante redistribuição da riqueza, assim como ocorreu durante o período que garantiu um crescimento substantivo e uma diminuição das desigualdades sociais. Uma redistribuição que se explica não apenas com argumentos pertinentes à democracia, que hoje passa por graves dificuldades em todos os países ocidentais,[8] mas também com argumentos de natureza mais simples, relativos à formação de uma demanda que possa dar novo impulso às diversas economias.[9]

Se os «trinta gloriosos» foram estimulados pelos *fast cars, clean bodies*,[10] pela produção de automóveis e eletrodomésticos e pelas infraestruturas e equipamentos a eles relacionados, no futuro próximo teremos de inventar novos modos para atingir o pleno emprego, e talvez tenhamos também de conceber de maneira diversa, com uma situação caracterizada por um menor número de atividades e, sobretudo, por uma estrutura diferente da ocupação e uma relação diferente

---

8_ Carlo Galli, *Il disagio della democrazia*. Turim: Einaudi, 2011.

9_ Joseph E. Stiglitz, *The Price of Inequality*. Nova York/ Londres: W.W. Norton & Company, 2012.

10_ Kristin Ross, *Fast Cars, Clean Bodies: Decolonization and the Reordering of French Culture*. Cambridge, Mass./ Londres: The MIT Press, 1995 (ed. fr.: *Rouler plus vite, laver plus blanc. Modernisation de la France et décolonisation au tournant des années 60*. Paris: Flammarion, 1997).

entre trabalho e sociedade. A crise e a questão urbana oferecem oportunidades consideráveis. Não compreendê-las pode agravar os problemas, em vez de contribuir para resolvê-los.

Os problemas ambientais, por exemplo, ligados à mudança climática, e os da acessibilidade — de um sistema da mobilidade, ou seja, que garanta os direitos da cidadania — impõem uma política do gasto público radicalmente diferente da praticada hoje pelos maiores Estados europeus. O caso de Los Angeles, descrito por Tim Cresswell e Edward Soja,[11] deveria sugerir e ensinar algumas coisas.

Em 1994, os usuários do serviço de transporte público de Los Angeles, organizado pela Bus Riders Union, promoveram uma ação coletiva contra a MTA, a agência de transportes metropolitana. A agência havia aumentado o preço do bilhete de ônibus e tinha em mente investir uma considerável parte dos recursos na construção de uma rede de transporte rápido que ligasse o centro de negócios aos subúrbios, uma rede que privilegiava a parte mais rica da população, que trabalhava no *downtown* e vivia nos subúrbios. Os usuários dos transportes públicos são em grande parte latinos, que, de manhã cedo, como tantas Adalgisas de Gadda, limpam os es-

---

11_ Timothy Cresswell, *On the Move*. Nova York: Routledge, 2006, pp. 167-74; Edward W. Soja, *Seeking Spatial Justice*. Minneapolis: University of Minnesota Press, 2010.

critórios e depois cuidam dos jardins e dos espaços públicos e fazem os trabalhos domésticos, movimentando-se várias vezes ao longo do dia. A Corte Suprema lhes deu razão com base na primeira emenda da Constituição americana, que impede qualquer forma de discriminação, e obrigou a MTA a melhorar o serviço de transporte de ônibus, antes de fazer qualquer outro investimento na rede de metrôs. Esse acontecimento ensina que os direitos da parte mais pobre da população podem ser protegidos com base nas normas existentes; que «as políticas dos direitos civis são abertas e podem criar algumas aberturas, e que as aberturas (e fechamentos) são construídas no espaço e no tempo e por meio deles».[12] Tal acontecimento mostra também, em Paris, Bruxelas, Moscou ou em outras cidades, a adoção de políticas que não se contentam com obras grandes e espetaculares, mas que intervêm de maneira difusa para garantir porosidade, permeabilidade e acessibilidade à natureza e às pessoas: a todos indistintamente; que transformam a cidade como no passado outras grandes crises a transformaram.

Nas *visions* e nos projetos mais avançados, começou-se a vislumbrar os sintomas e as potencialidades de tais transformações. Estas implicam que se reflita sobre a estrutura

---

12_ Nicholas Blomley; Geraldine Pratt, «Canada and the Political Geographies of Rights». *The Canadian Geographer*, 45, n. 1, 2001, pp. 151-6.

espacial da cidade; que se reconheça a importância que, ao construí-la, a forma do território possui, que se reconheça o papel de sua infraestruturação capilar e isotrópica, conferindo assim à cidade e ao território uma maior e mais difusa porosidade, permeabilidade e acessibilidade; que se desenhem espaços públicos ambiciosos, tendo em conta a qualidade dos espaços públicos das cidades que nos precederam; que se reflita sobre as dimensões do coletivo. O estatuto científico da urbanística se transformará, assim como a cidade. Dentro da cidade e entre as várias disciplinas deverão ser construídas novas alianças. Os urbanistas, mas também os economistas e os sociólogos, deverão voltar a discutir com os geógrafos, os botânicos, os engenheiros hidráulicos, deverão imergir muito mais do que no passado recente nos imaginários individuais e coletivos.

Pode ser que no futuro próximo as coisas tendam a piorar cada vez mais, porém, se existir a vontade de sair da crise econômica e da recessão, será necessário desenvolver a demanda do *plus grand nombre*, não depender apenas das reivindicações expressas pelos nichos sociais e tecnológicos. E, portanto, será preciso desenvolver mais democracia, reduzindo as desigualdades no espaço.

## aut–aut

–1  **B.C. HAN,** Psicopolítica

–2  **ENZO TRAVERSO,** Melancolia de esquerda

–3  **PETER TRAWNY,** Médium e Revolução

–4  **BERNARDO SECCHI,** A cidade dos ricos e a cidade dos pobres

_____ em preparação

–5  **ROBERTO ESPOSITO,** De Fora: uma filosofia para a Europa

**DIRETOR EDITORIAL**
Pedro Fonseca

**CONSELHEIRO EDITORIAL**
Simone Cristoforetti

**PRODUÇÃO**
Zuane Fabbris editor

**IMAGEM DA CAPA**
Julia Geiser

**EDITORA ÂYINÉ**
Praça Carlos Chagas, 49 2° andar
CEP 30170-020 Belo Horizonte
+55 (31) 32914164
www.ayine.com.br
info@ayine.com.br

© **2013 GIUS. LATERZA & FIGLI,**
All rights reserved

© **2019  EDITORA ÂYINÉ**
1ª edição outubro 2019

ISBN: 978-85-92649-52-4